标准与法律比较研究

Comparative Study of Standard and Law

邓铭庭　著
黄家伟　审定

法律出版社
LAW PRESS · CHINA
北京

图书在版编目（CIP）数据

标准与法律比较研究 / 邓铭庭著 ；黄家伟审定.
北京 ：法律出版社，2024（2024.8 重印）.
ISBN 978 –7 –5197 –9274 –9

Ⅰ. D920.4

中国国家版本馆 CIP 数据核字第 20247VU007 号

标准与法律比较研究
BIAOZHUN YU FALÜ BIJIAO YANJIU

邓铭庭 著
黄家伟 审定

策划编辑 李沂蔚
责任编辑 李沂蔚
装帧设计 李 瞻

出版发行 法律出版社
编辑统筹 法律应用出版分社
责任校对 晁明慧
责任印制 刘晓伟
经　　销 新华书店

开本 710 毫米×1000 毫米 1/16
印张 14.25 **字数** 163 千
版本 2024 年 7 月第 1 版
印次 2024 年 8 月第 2 次印刷
印刷 三河市兴达印务有限公司

地址：北京市丰台区莲花池西里 7 号（100073）
网址：www.lawpress.com.cn
投稿邮箱：info@lawpress.com.cn
举报盗版邮箱：jbwq@lawpress.com.cn

销售电话：010 –83938349
客服电话：010 –83938350
咨询电话：010 –63939796

书号：ISBN 978 –7 –5197 –9274 –9
定价：62.00 元

凡购买本社图书，如有印装错误，我社负责退换。电话：010 –83938349

俯仰求索　守正创新

——写在前面的话

2021年，中共中央、国务院印发的《国家标准化发展纲要》明确"标准是经济活动和社会发展的技术支撑，是国家基础性制度的重要方面。标准化在推进国家治理体系和治理能力现代化中发挥着基础性、引领性作用"。2014年，党的十八届四中全会审议通过的《中共中央关于全面推进依法治国若干重大问题的决定》明确"依法治国，是坚持和发展中国特色社会主义的本质要求和重要保障，是实现国家治理体系和治理能力现代化的必然要求"。标准与法律在"国家治理体系和治理能力现代化"中的地位和作用，深刻蕴藏着法律与标准的"和而不同"。

受之启发，抛砖引玉。本书首先从标准与法律的基本概念、特征与原则、发展史以及国际化进程方面进行比较，厘清两者的基本属性。其次，从标准与法律的制定、实施、监督管理方面进行比较，突出两者在目的、主体、客体、程序等方面的区别，既提炼共性又彰显二者之间的个性，进而更好地应用标准与法律。再次,从标准与法律的融合角度进一步指出两者比较的必要性和目的性,只有两者的融合发展,才能突显标准在国家治理中的“技术支撑”的地位和作用。最后,从食品安全、环境保护、知识产权、工程建设等领域具体提出了标准与法律的比较与融合,为具体领域的标准与法律的比较提供了参考与借鉴。

本书的立足点是两者比较,有事实、有分析、有结论,目的是两者融合,有方法、有建议、有成果。但在我国现行法律体系和标准体系中,法律法规近万部,标准则多达上十万项,且标准与法律的历史源远流长,逐步形成了各自科学、完善、成熟的体系,但二者之间的比较暂未有过正式相关著作加以系统讨论。为弥补这一缺憾,推动社会发展,本书从多维度对标准与法律的基本概念和对社会秩序的作用等进行了比较,虽能自成体系,也有独特见解,但唯有在认识上不断深化,理论上不断完善,实践中不断丰富,才能更好地应用标准与法律。

关于标准与法律的比较的认识,是从片面到全面、从单一到多样的。仅从作用范围上认识标准与法律的话,标准一般是以科学性为基础,对技术、管理或者服务提出技术要求,而法律的作用范围则宽广很多,不仅包括科学技术领域,还深入经济、社会、家庭关系等方面。二者都是为了保障公众利益,在认识上不断深化、不断延伸,从而使法律法规和标准体制改革同步进行、相得益彰。

关于标准与法律的比较的理论,是从片面到系统、从局部到整体的完善。二者都以维护和促进社会整体利益为根本价值目标,以确保经济、社会和环境的可持续发展。从文本内容到实际效力,二者都以指导、规范人们在某方面的活动或者调整某种社会关系为己任。法律规定了人的行为模式和法律后果两个要素,既是规定义务,也是赋予权力;标准则只有一种行为模式,标准仅规定了应该为的行为方法。但二者同属于规范性文件,具有维护社会秩序的作用,而且二者在理论上不断完善,使两者相辅相成、互相促进,共同推动社会发展。

关于标准与法律的实践,标准是法律法规的技术支撑和必要补充,在法律无法直接行使权力时,标准具有延伸法律调整社会关系的作用。将标准纳入法治视野,可以充分发挥标准在法治中的作用。法律赋予标准强制效力,也约束标准。同时,二者之间还具有密切的内在联系,互相配合,保证市场经济的正常运行和公平竞争。

《标准化法》第三条规定“标准化工作的任务是制定标准、组织实施标准以及对标准的制定、实施进行监督”,涵盖了标准化活动的全过程。党的十一届三中全会提出“有法可依、有法必依、执法必严、违法必究”的社会主义法制建设十六字方针,涵盖了法制建设的立法、执法和守法三个方面。党的十八大报告中提出“科学立法、严格执法、公正司法、全民守法”新阶段社会主义法治建设十六字方针,涵盖了法治建设立法、执法、司法和守法四个方面。标准与法律的比较紧扣标准化工作的任务和法治方针,从立、执、守中找到其内在联系、机理和价值取向,从而助力社会发展和经济发展。

本书可为我国标准与法律的发展研究提供借鉴,具有较高的参考价值。本书可供政府机关、科研院校、企事业单位等公务人员、法律和标准工作者阅读和参考。

本书由浙江省产品与工程标准化协会组织编写,由邓铭庭著,黄家伟审定。本书成稿得到了湖州市人大法制委章国华、湖州市市场监督管理局沈敏、绍兴市市场监督管理局楼扬波、中国计量大学任天一等的精心指导。南开大学黄逸凡、赵景尧参与了部分章节内容的拟写和修改,英国剑桥大学邓泽林参与了部分国际化内容的拟写,浙江省长三角标准技术研究院的同人为本书统稿和校核给予了大力支持。同时,本书也参考了有关作者的文献,在此,一并表示感谢。基于本书主题宏阔,借鉴论著偏少,并限于作者能力水平和时间精力,书中难免有一些不足和缺点,也敬请读者批评指正。

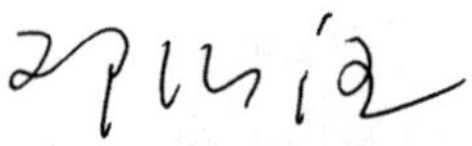

于杭州长桥公园

2024 年 7 月 15 日

目录

Contents

第一章　概论

第一节　基本概念

一、标准

（一）定义

在《法学辞海》中，对“标准”的解释是“规范、样板”。在《古汉语词典》中，对“标准”的解释是“衡量事物的准则”“榜样、规范”。唐朝杜甫所作的《赠郑十八贲（云安令）》中“示我百篇文，诗家一标准”里的“标准”，指的是“榜样、规范”。清朝方苞所作的《狱中杂记》中“惟极贫无依，则械系不稍宽，为标准以警其余”和毛泽东的《实践论》中“真理的标准只能是社会的实践”的“标准”指的是“衡量事物的准则”。

标准化工作中的“标准”最早的定义是约翰·盖拉德在《工业标准化：原理与应用》中给出的：“标准是一种构想或规划（formulation），其建立可以是口头的、书面的或任何其他图形方法，或用模型、样品的办法，或其他物理表达方法，用以在一段时间内定义、指定或详细说明一个测量单位或基准、一个物理对象、一个活动、一个过程、一个方法、一个实践、一种能力、一个功能、一个性能、一项措施、一项安排、一个条件、一项责任、一个权力、一项职责、一个行为、一个态度、一个概念或构想的某些特征。”

国际标准化组织(International Organization for Standardization, ISO)在1962年提出的关于标准的定义为:“标准是经公认权威机构批准的一个个标准化的工作成果。它可以采用的形式是:(1)文件形式,内容记叙一整套必须达到的条件;(2)规定基本单位或物理常量,如:安培、米、绝对零度K(开尔文)等。”《世界贸易组织贸易技术壁垒协议》(Agreement on Technical Barriers to Trade of the World Trade Orgnization, WTO/TBT协议)定义“标准”为“由公认机关批准,供通用或反复使用,为产品或相关加工和生产方法规定规则、指南或特性的非强制执行文件”。

国际标准化组织在1961年给出了“标准化”的定义为:“标准化是为了所有相关方的利益,特别是为了促进最佳的全面经济(overall economy)并适当考虑到产品使用条件与安全要求,在所有相关方的协作下,进行有秩序的特定活动所制定并实施各项规则的过程。标准化以科学、技术与经验的综合成果为根据。标准化不仅为现在而且也为将来的发展奠定基础。标准化应跟上科学技术发展的步伐。”这时的“标准化”定义中蕴含的一些基础原则与理念,深刻影响了今天的标准化工作,如“所有相关方”与我国《标准化法》中的“广泛征求意见”,《标准化工作指南　第1部分:标准化和相关活动的通用术语》(GB/T 20000.1—2014)中的“经协商一致制定”;如“有秩序”与《标准化工作指南　第1部分:标准化和相关活动的通用术语》(GB/T 20000.1—2014)“最佳秩序”原则;如“以科学、技术与经验的综合成果为根据”与《标准化法》中的“在科学技术研究成果和社会实践经验的基础上”。

国际标准化组织在2004年《ISO/IEC指南2:2004标准化和相

关活动——一般词汇》(ISO/IEC Guide 2:2004 Standardization and related activities—General Vocabulary)中给出的最新的“标准”的定义“为在一定范围内获得最佳秩序,经协商一致建立并由公认机构批准,为共同使用和重复使用,对活动及结果提供规则、指导或给出特性的文件”。(标准宜以科学、技术和经验的综合成果为基础,以促进最佳的公共效益为目的。)“标准化”的定义为:“为了在一定范围内获得最佳秩序,对现实问题或潜在问题制定共同使用和重复使用的条款的活动。”

我国《标准化工作指南 第1部分:标准化和相关活动的通用术语》(GB/T 20000.1—2014)中,标准的定义是“通过标准化活动,按照规定的程序经协商一致制定,为各种活动或其结果提供规则、指南或特性,供共同使用和重复使用的文件”。

《标准化法》给出的标准定义是:“本法所称标准(含标准样品),是指农业、工业、服务业以及社会事业等领域需要统一的技术要求。”

(二)分类

《标准化法》将标准划分为国家标准、行业标准、地方标准和团体标准、企业标准。各标准之间有一定的依从关系和内在联系,形成一个覆盖全国又层次分明的标准体系。

1. 国家标准

国家标准是指对我国经济技术发展有重大意义,必须在全国范围内统一的标准。对需要在全国范围内统一的技术要求,应当制定国家标准。国家标准分为强制性标准和推荐性标准,国家标准在全国范围内适用,其他各标准不得与国家标准相抵触。强制性标准必须执行。国家鼓励采用推荐性标准。部分国家标准的标准代号如下:国家标准—GB、工程建设国家标准—GBJ(现为GB5

系列)、国家计量检定规范—JJF、国家军用标准—GJB 等。国家标准一经发布,与其重复的行业标准、地方标准相应废止,国家标准是标准体系中的主体。国家标准由国务院标准化行政主管部门和国务院有关行政主管部门建立标准实施信息和评估机制,根据反馈和评估情况对国家标准进行复审,复审周期一般不超过 5 年。经过复审,对不适应经济社会发展需要和技术进步的标准应当及时修订或者废止。

2. 行业标准

对没有国家标准又需要在全国某个行业范围内统一的技术要求,可以制定行业标准,作为对国家标准的补充。行业标准由行业标准归口部门编制计划、审批、编号、发布、管理。行业标准的归口部门及其所管理的行业标准范围,由国务院行政主管部门审定。部分行业的行业标准代号如下:农业—NY、文化—WH、旅游—LB、医药—YY、海洋—HY、民政—MZ、能源—NB、气象—QX、水利—SL、稀土—XB、轻工—QB、交通—JT、电子—SJ、机械—JB、公共安全—GA、环境保护—HJ、建筑材料—JC、建筑工程—JG、城镇建设—CJ、认证认可—RB。推荐性行业标准在行业代号后加"/T",如"JB/T"即为机械行业推荐性标准。

3. 地方标准

为满足地方自然条件、风俗习惯等特殊技术要求,可以制定地方标准。地方标准由省、自治区、直辖市人民政府标准化行政主管部门制定;设区的市级人民政府标准化行政主管部门根据本行政区域的特殊需要,经所在地省、自治区、直辖市人民政府标准化行政主管部门批准,可以制定本行政区域的地方标准。地方标准由省、自治区、直辖市人民政府标准化行政主管部门报国务院标准化行政主管部门备案,由国务院标准化行政主管部门通报国务院有关行政主管部门。各地的办法或条例对地方标准的制定范围均有不同规定,如《北京市标准化办法》第 13 条规定:“为满足本市自然条件、风俗习惯等特殊技术要求,或者在城市治理、公共服务等领域需要统一技术要求的,可以制定地方标准。”《浙江省标准化条例》第 11 条第 1 款规定:“推进数字化改革、推动共同富裕以及落实其他重大决策部署,需要统一技术要求的,省、设区的市标准化主管部门和其他有关主管部门应当加快制定相关地方标准。”《广东省标准化条例》第 11 条规定:“为满足地方自然条件、风俗习惯、地理标志产品等特殊技术要求,或者在社会管理、公共服务等领域需要统一技术要求的,可以制定地方标准。对一般工业产品的技术要求,不得制定地方标准。符合市场竞争和创新发展的需要,可以由市场主体制定的,一般不制定地方标准。”

4. 团体标准

国家鼓励学会、协会、商会、联合会、产业技术联盟等社会团体协调相关市场主体共同制定满足市场和创新需要的团体标准,由本团体成员约定采用或者按照本团体的规定供社会自愿采用。制定团体标准,应当遵循开放、透明、公平的原则,保证各参与主体获取相关信息,反映各参与主体的共同需求,并应当组织对标准相关事项进行调查分析、实验、论证。国务院标准化行政主管部门会同国务院有关行政主管部门对团体标准的制定进行规范、引导和监督。

5. 企业标准

企业可以根据需要自行制定企业标准,或者与其他企业联合制定企业标准。国家支持在重要行业、战略性新兴产业、关键共性技术等领域利用自主创新技术制定企业标准。企业标准的技术要求不得低于强制性国家标准的相关技术要求。国家鼓励企业制定高于推荐性标准相关技术要求的企业标准。

二、法律

(一)定义

广义的法律包括宪法、法律、行政法规、地方性法规、自治条例和单行条例,规定公民、法人和其他组织的权利与义务、国家机关的权力与责任。

关于法律的定义,我国春秋时期法家代表人物管仲说:“尺寸也,绳墨也,规矩也,衡石也,斗斛也,角量也,谓之法。”东汉许慎认为法是正义、公平、平等和正直的体现。英国分析法学派认为“法律是主权者的命令”。美国法学家格雷认为,法律的意思就是对法院事实上将做什么的预言,而不是什么空话。美国实用主义法学派的代表庞德认为,法是实现社会控制的社会工程。美国新自然法学派的代表人物福勒认为,法是使人们的行为服从规则治理的事业。

法律是由国家制定或认可并以国家强制力保证实施的,反映由特定物质生活条件所决定的统治阶级意志的规范体系。法律是统治阶级意志的体现。法律是由享有立法权的立法机关行使国家立法权,依照法定程序制定、修改并颁布,由国家强制力保证实施的基本法律和普通法律的总称。法律是法典和律法的统称,分别规定公民在社会生活中可进行的事务和不可进行的事务。

狭义的法律是从属于宪法的强制性规范,是宪法的具体化。宪法是国家法的基础与核心,法律则是国家法的重要组成部分。

(二)分类①

中国特色社会主义法律体系以宪法为统率,以宪法相关法、民法商法等多个法律部门的法律为主干,由法律、行政法规、地方性

---

① 李飞:《立法法与全国人大常委会的立法工作》,载中国人大网2018年7月1日,有修改。

法规等多个层次的法律规范构成。

1. 宪法及宪法相关法

宪法是国家的根本法，规定了国家的根本制度、根本任务和国体、政体以及公民基本权利义务等重大问题。宪法相关法，一般是指直接保障宪法上述规定实施和国家政权运作等方面的法律规范的总和。宪法相关法方面的法律主要包括：一是国家机构的产生、组织、职权和基本工作制度方面的法律，如《全国人民代表大会组织法》《国务院组织法》《地方各级人民代表大会和地方各级人民政府组织法》《全国人民代表大会和地方各级人民代表大会选举法》。二是有关民族区域自治制度、基层群众自治制度方面的法律，如《民族区域自治法》。三是有关特别行政区方面的制度，包括《香港特别行政区基本法》《澳门特别行政区基本法》。四是有关维护国家主权、领土完整、国家安全、国家标志等方面的法律，如《领海及毗连区法》。五是有关保障公民基本政治权利方面的法律。

2. 民法商法

民法商法，是指规范社会民事和商事活动的法律规范的总和，侧重于保护公民的民事权利。民法商法调整的是自然人、法人和其他组织之间以平等地位而发生的各种法律关系。

民法是调整平等民事主体的自然人、法人及其他非法人组织之间人身关系和财产关系的法律规范的总称，包括《民法典》、单行的民事法律和其他法律法规中的民事法律规范。2020 年 5 月 28 日，十三届全国人大三次会议通过了《民法典》。《民法典》是基础性法律，作为新中国第一部以法典命名的法律，《民法典》被称为“社会生活的百科全书”“新时代人民权利的宣言书”。《民法典》共 7 编 1260 条，各编依次为总则、物权、合同、人格权、婚姻家庭、继承、侵权责任，以及附则。

商法是调整平等主体之间商事关系的法律规范的总称。主要包括《公司法》《保险法》《合伙企业法》《海商法》《企业破产法》《个人独资企业法》《票据法》《证券法》等。

3. 行政法

行政法,是指规范国家行政管理活动和监督行政管理活动的法律规范的总和。行政法调整的是行政机关与公民、法人和其他组织之间因行政管理活动而发生的法律关系。行政法制建设的链条比较清楚,从实体到程序再到对行政行为的监督有一系列法律,如《行政处罚法》《行政许可法》《行政强制法》《行政复议法》《行政诉讼法》等。

4. 经济法

经济法,是指规范国家对经济进行宏观管理或调控活动的法律规范的总和。经济法包括宏观调控、规范市场秩序和竞争规则、扩大对外开放和促进对外经济贸易发展、促进重点产业振兴和发展、自然资源保护和合理开发利用、经济活动规范化和标准化六个方面的法律,如《预算法》《审计法》《反垄断法》《反不正当竞争法》《对外贸易法》《农业法》《土地管理法》《标准化法》等。

5. 社会法

社会法,是指规范劳动关系、社会保障、特殊群体权益保障、社会组织等方面的法律规范的总和。社会法包括劳动关系、劳动保障和社会保障、安全生产,特殊社会群体权益保障,社会组织和相关活动三个方面的法律,如《劳动法》《劳动合同法》《工会法》《未成年人保护法》《老年人权益保障法》《妇女权益保障法》《残疾人保障法》《矿山安全法》《红十字会法》《公益事业捐赠法》等。

6. 刑法

刑法,是指规定犯罪、刑事责任和刑事处罚的法律规范的总和。自《刑法》1979 年制定后,全国人大常委会又相继通过了 12 个刑法修正案。

7. 诉讼与非诉讼程序法

诉讼与非诉讼程序法，是指规范解决社会纠纷的诉讼活动和非诉讼活动程序的法律规范的总和。诉讼法调整的是在诉讼活动过程中产生的法院与诉讼当事人之间、诉讼当事人相互之间的法律关系。我国目前的诉讼法包括《刑事诉讼法》《民事诉讼法》《行政诉讼法》，还有《海事诉讼特别程序法》《引渡法》等。非诉讼程序法包括《仲裁法》《劳动争议调解仲裁法》《农村土地承包经营纠纷调解仲裁法》《人民调解法》等。

三、比较

(一)共性

1. 规范性文件

标准是农业、工业、服务业以及社会事业等领域需要统一的技术要求。法律是由国家制定或认可并以国家强制力保证实施的，反映由特定物质生活条件所决定的统治阶级意志的规范体系。[①]因此，标准和法律均为规范性文件。

2. 反复适用性

标准和法律都对重复性事物和概念做统一规定，标准与法律都是管理工作的重要组成部分，是相互促进的关系。标准能够规范行业、企业和产品，提高其质量和竞争力，同时也为法律制定提供了基础。法律则强制执行标准，保障公共利益和消费者权益。二者相辅相成、互相促进，共同推动社会发展。二者都具有公平公开性、指向明确性、内容严谨性、共同反复性。

---

① 参见《思想道德修养与法律基础》编写组:《思想道德修养与法律基础》，高等教育出版社 2018 年版，第 139 页。

3. 维护社会秩序

社会秩序由社会规则所构建和维系,是指人们在长期社会交往过程中形成相对稳定的关系模式、结构和状态。社会秩序形成于人们的社会交往,影响社会秩序的因素错综复杂,既包括政治、经济、社会、文化、宗教、风俗、教育、家族、种族等因素,也包括这些因素之间因交叉或混合而产生的更加纷繁复杂的影响。标准与法律都对维护社会秩序起到一定作用。法律对秩序的维护功能主要表现在:维护阶级秩序、维护权力运行秩序、维护经济秩序和维护正常的社会秩序。标准也追求秩序,虽然标准不具有法律效力,但仍具有维护社会秩序的作用。例如,在企业管理中,标准的制定和规范能够起到优化资源和维护生产秩序的重要作用。制定和实施各项技术标准和管理标准的过程,实际上就是对各项技术活动、管理活动进行规范的过程。这种规范是在遵守技术规律、经济规律的前提下有序进行的,掌握它和执行它的结果,必定是知识的增长和遵守规范意识的提高。劳动者在作业过程中,认真遵守这些标准的规定,不仅可以最有效地利用劳动资源、最有效地使用劳动资料、最大限度地提高劳动效率,而且可以确保劳动的质量、生产安全和劳动者的职业健康。

(二)区别

1. 标准是技术要求,法律以权利和义务为内容

《标准化法》所称标准(含标准样品),“是指农业、工业、服务业以及社会事业等领域需要统一的技术要求”。相对于法律而言,标准不具有政治意义。“法律制度与国家形态,是一体的两面。国家是法律的形体,法律是国家的灵魂。法律是实现国家目的的工具,是发挥国家机能的手段。”[①]法律规范由行为模式和法律后果两

① 李达:《法理学大纲》,法律出版社1983年版,第15页。

个部分构成。有“可以这样行为”的模式的法律规范，称为授权性规范；有“必须这样行为”的模式的法律规范，称为命令性规范；有“不许这样行为”的模式的法律规范，称为禁止性规范。

2. 标准是相关方协商一致制定，法律是从最大多数人的最根本利益出发而制定

《标准化法》第四条规定：“制定标准应当在科学技术研究成果和社会实践经验的基础上，深入调查论证，广泛征求意见，保证标准的科学性、规范性、时效性，提高标准质量。”“广泛征求意见”强调了制定标准的协商一致。《标准化工作指南　第 1 部分：标准化和相关活动的通用术语》（GB/T 20000. 1—2014）中对“协商一致”的定义是：普遍同意，即有关重要利益相关方对于实质性问题没有坚持反对意见，同时按照程序考虑了有关各方的观点并且协调了所有争议。并特别注明：协商一致并不意味着全体一致同意。

法行中庸谓之良。只有在各种不同利益都能充分参与博弈的基础上制定出来的法，才能最大限度地达至中庸、最大限度地实现各种利益之间的平衡，也就是一部好法。妥善处理好各种利益关系，最重要的一点是必须把维护最广大人民的根本利益作为立法工作的出发点和落脚点。这是由我们国家性质所决定的，也是社会主义立法的本质要求。《宪法》第五十八条规定：“全国人民代表大会和全国人民代表大会常务委员会行使国家立法权。”2001 年，九届全国人大四次会议的常委会工作报告中提出“在立法工作中坚持民主集中制原则，力争做到立法决策的民主化、科学化”。2006 年在十届全国人大四次会议上的常委会工作报告要求“要在总结经验的基础上，进一步推进科学立法、民主立法，使之制度化、规范化和程序化”。2007 年党的十七大报告明确提出“要坚持科学立法、民主立法，完善中国特色社会主义法律体系”。2012 年党的十八大提出“完善中国特色社会主义法律体系，加强重点领域立

法,拓展人民有序参与立法途径”。2017 年党的十九大提出“扩大人民有序政治参与,保证人民依法实行民主选举、民主协商、民主决策、民主管理、民主监督;维护国家法制统一、尊严、权威,加强人权法治保障,保证人民依法享有广泛权利和自由”。2022 年党的二十大提出“推进科学立法、民主立法、依法立法,统筹立改废释纂,增强立法系统性、整体性、协同性、时效性”。

3. 大多数标准是自愿采用,法律具有普遍约束力

《标准化法》第二条第三款规定:“强制性标准必须执行。国家鼓励采用推荐性标准。”第十八条第一款规定:“国家鼓励学会、协会、商会、联合会、产业技术联盟等社会团体协调相关市场主体共同制定满足市场和创新需要的团体标准,由本团体成员约定采用或者按照本团体的规定供社会自愿采用。”第二十七条第二款规定:“企业应当按照标准组织生产经营活动,其生产的产品、提供的服务应当符合企业公开标准的技术要求。”在国际上,根据《世界贸易组织贸易技术壁垒协议》对标准和技术法规的定义,标准都是自愿性的,技术法规才是强制性的,强制性标准是不存在的。《ISO/IEC 指南 2:2004 标准化和相关活动——一般词汇》中给出的“强制性标准”定义为:“根据某项普通法或被法规唯一性引用而强制使用的标准。”

法律一经公布、生效,对全社会就产生普遍的约束力,这是法治社会的基本要求。《宪法》第五条规定:“中华人民共和国实行依法治国,建设社会主义法治国家。国家维护社会主义法制的统一和尊严。一切法律、行政法规和地方性法规都不得同宪法相抵触。一切国家机关和武装力量、各政党和各社会团体、各企业事业组织都必须遵守宪法和法律。一切违反宪法和法律的行为,必须予以追究。任何组织或者个人都不得有超越宪法和法律的特权。”第三十三条第二款、第四款规定,“中华人民共和国公民在法律面前一

律平等”，“任何公民享有宪法和法律规定的权利，同时必须履行宪法和法律规定的义务”。《刑法》第四条规定：“对任何人犯罪，在适用法律上一律平等。不允许任何人有超越法律的特权。”

第二节　特点与原则

一、标准

《标准化工作导则　第1部分：标准化文件的结构和起草规则》（GB/T 1.1—2020）规定了“编制文件的目标是通过规定清楚、准确和无歧义的条款，使文件能够为未来技术发展提供框架，并被未参加文件编制的专业人员所理解且易于应用，从而促进贸易、交流以及技术合作”。可见，标准具有“规定清楚、准确和无歧义”“易于应用”“促进贸易、交流以及技术合作”等特点。标准通过优化简化，协调统一，表述上的准确、简洁、明了，达到追求效益的目的。

《标准化法》体现了标准的以下原则：

（1）协商一致原则。《标准化法》第四条规定：“制定标准应当在科学技术研究成果和社会实践经验的基础上，深入调查论证，广泛征求意见……”

（2）科学性、规范性、时效性原则。《标准化法》第四条规定：“……保证标准的科学性、规范性、时效性，提高标准质量。”

（3）效益原则。《标准化法》第二十二条第一款规定：“制定标准应当有利于科学合理利用资源，推广科学技术成果，增强产品的安全性、通用性、可替换性，提高经济效益、社会效益、生态效益，做到技术上先进、经济上合理。”

(4)禁止非法垄断原则。《标准化法》第二十二条第二款规定："禁止利用标准实施妨碍商品、服务自由流通等排除、限制市场竞争的行为。"

二、法律

规范性是法律的首要特性,法律的规范性主要是为人们的行为提供模式、样式和方向。法律也是从具体的行为中抽象出来可以反复多次使用并适用于所有公民的行为模式。在我国,法律是一种具有概括性、普遍性、严谨性的,由国家制定和认可的,是国家确认权利和义务的,以国家强制力保障实施的行为规范。

公理性法律原则包括法律平等原则、诚实信用原则、等价有偿原则、无罪推定原则、罪刑法定原则等。张文显提出"法律原则是法理的普遍形态"[①]。舒国滢认为"法律原则是为法律规则提供某种基础或根源的综合性的、指导性的价值准则或规范,是法律诉讼、法律程序和法律裁决的确认规范"[②]。

张文显分析了习近平同志关于法治的重要讲话和论著,梳理了习近平法治思想的法理命题:法治的根基在人民;公正是法治的生命线;法律是治国之重器,良法是善治之前提;市场经济就是法治经济;法律的生命在于实施;法定职责必须为、法无授权不可为;司法权是对案件事实和法律的判断权和裁决权;没有法律是万万不能的,但法律也不是万能的;法律不应该是冷冰冰的;宪法法律的权威源自人民的内心拥护和真诚信仰。[③]

---

① 张文显:《法理:法理学的中心主题和法学的共同关注》,载《清华法学》2017 年第 4 期。

② 舒国滢:《法律原则适用的困境——方法论视角的四个追问》,载《苏州大学学报》2005 年第 1 期。

③ 参见张文显:《习近平法治思想的政理、法理和哲理》,载《政法论坛》2022 年第 3 期。

《立法法》规定了以下基本原则：

（1）合宪性和法制性统一原则。《立法法》第五条规定："立法应当符合宪法的规定原则和精神，依照法定的权限和程序，从国家整体利益出发，维护社会主义法制的统一、尊严、权威。"

（2）民主性原则。《立法法》第六条第二款明确规定："立法应当体现人民的意志，发扬社会主义民主，坚持立法公开，保障人民通过多种途径参与立法活动。"

（3）科学性原则。立法应当实事求是、从实际出发，尊重社会的客观实际状况，根据客观需要反映客观规律的要求；要以理性的态度对待立法工作，注意总结立法现象背后的普遍联系，揭示立法的内在规律；应十分重视立法的技术、方法，提高立法的质量。

三、比较

（一）共性

1. 追求效益

标准和法律都追求效益，既包括经济效益，也包括社会效益、生态效益。

法律应当与社会经济发展状况相匹配，如 2018 年通过的《电子商务法》，是针对社会经济发展中出现的新业态作出的规定，有利于保障电子商务各方主体的合法权益，规范电子商务行为，维护市场秩序，促进电子商务持续健康发展。在电子商务标准化方面的探索比法更早一些，最早的电子商务国家标准是 2002 年 8 月发布的《电子商务基本术语》（GB/T 18811—2002）（已修订为 2012 年版）。该标准提出了电子商务的各应用领域的基本术语，为电子商务发展提供了基础性的技术支撑，之后国家发布了电子商务质量信息共享、产品质量监测抽样方法、产品溯源信息管理等国家或行业标准,从技术层面支撑了电子商务的健康快速发展。由此可见,标准与法律虽各有侧重,但共同促进社会经济发展。

2. 具有规范性、概括性、普遍性和严谨性

标准与法律都从大量具体的行为中高度抽象出来,具有普遍性并且能多次反复适用,具有特殊的逻辑构成、特定的语法措辞和表达方式。标准作为工作准则、规则或特性要求,是提供给多方共同重复使用的文件。如果标准本身出现了偏差,或者出现了不合理的地方,就会导致根据这项标准开展的项目中出现错误,检测标准错误有可能出现贸易欺诈行为,严重者可能会导致贸易秩序混乱。所以在编制标准时一定要高度严谨,避免出现偏差,造成不良影响。而法律在颁布前都会经过层层严格的把关,既要符合宪法的规定,又要充分体现人民的意志,确保法律具有规范性、概括性、普遍性和严谨性。

3. 具有程序性

标准制定具有程序性。标准有自己的一套特定编制格式和发布程序。标准从制定到批准发布的一整套工作程序和审批制度,体现了鲜明的程序性特征。《立法法》规定了法律从提案到公布的程序性要求。《全国人民代表大会议事规则》和《全国人民代表大会常务委员会议事规则》中明确了我国最高权力机关及其常设机关立法的基本程序,具体包括提案、审议、表决、公布等。法律在本质上要求实现程序化,而且程序的独特性质和功能也为保障法律的效率和权威提供了条件。

4. 具有互动性

标准与法律二者之间互相配合,法律的规定是原则性的,往往需要通过技术要求来得到具体实施和实现,这就是标准的技术支撑作用。例如,在环境保护领域,法律可以通过引入环境标准,帮助企业理解和满足法律的要求。法律可以引用和采纳标准作为其

规范的一部分,以确保法律的明确性和可执行性,也可以将标准的部分内容纳入法律,以确保法律的科学性和实用性。在发生纠纷时,标准可作为行政许可、行政处罚的技术依据、司法裁判的证据和技术依据。一部新法律的颁布,也会为标准化提供新的领域、方向和法律依据。[①]

(二)区别

1.价值追求不同

标准强调的是最佳效益。《标准化法》第二十条规定:"国家支持在重要行业、战略性新兴产业、关键共性技术等领域利用自主创新技术制定团体标准、企业标准。"第二十二条第一款规定:"制定标准应当有利于科学合理利用资源,推广科学技术成果,增强产品的安全性、通用性、可替换性,提高经济效益、社会效益、生态效益,做到技术上先进、经济上合理。"而一般认为法的基本价值表现在秩序、效益、自由、平等、正义、利益六大方面。[②] 我国《宪法》第三十三条第二款规定:"中华人民共和国公民在法律面前一律平等。"从具体的法律部门来看,宪法主要维护社会秩序,民法主要维护社会个体的自由。《民法典》规定的基本原则包括平等原则、自愿原则、公平原则、诚实信用原则、公序良俗原则、绿色原则。商法的原则包括强化企业组织、提高经济效益、维护交易公平、保障交易安全。刑法中"对任何人犯罪,在适用法律上一律平等"明确规定了法的平等原则。

2.性质不同

标准既不直接调整人的行为,也不直接规定权利与义务,只规

① 参见李晓林:《法律与标准二者关系在中国的实质意义》,载《中国拍卖》2010年第1期。

② 参见邹平学:《论法的六大基本价值》,载《当代法学》2003年第8期。

定技术要求。对标准的违反,要依靠配套的法规罚则来处罚。政府主导的强制性标准是必须遵守的,推荐性标准的执行则具有自愿性质。法律却具有强制性。我国《宪法》规定"中华人民共和国公民必须遵守宪法和法律",对于由国家权力机关制定或认可,通过国家主席签署发布实施的法律,每一个中华人民共和国公民都具有必须遵守的义务。每一个法律规范都由行为模式和法律后果两部分构成。

3. 制定速度不同

大体来说,标准的制定速度要快于法律,因此,标准对社会变化的反应更及时、更迅速。

我国各级标准的制定流程一般包括项目启动、立项申请、组织起草、征求意见、组织审定、报批发布等阶段,而法的制定是由国家机关依照法定程序立项、起草、提出、审议、决定、公布和备案。标准的制定对象是重复性事物和概念,其过程需经有关方面协商一致,由相应机构批准发布。而立法的程序相对复杂。就全国人民代表大会立法程序来说,需首先向全国人民代表大会提出法律案,经决定是否列入会议议程,再由各代表团和有关的专门委员会提出审议意见,由宪法和法律委员会统一审议,大会全体会议表决,通过后由国家主席签署主席令予以公布。法是国家制定和认可的行为规范,是国家确认权利和义务的行为规范,是以国家强制力为保障实施的行为规范。

标准和法律的制定流程具有明显的差异,标准的制定相对简单、灵活,但它们在实践中的作用是相辅相成、互为依存的。

第三节　沿革与趋势

一、沿革

(一)标准

旧石器时代,尖状器、砍砸器、刮削器和石片、石核等打制石器有相似的外形,可以被看作人类无意识的标准化行为。《史记·夏本纪》中"左准绳,右规矩,载四时,以开九州,通九道,陂九泽,度九山"中的"准绳"指的是测定平直的水准和绳墨,"规矩"是划定图式的圆规和方矩,可以认为是制造器物、兴建工程所依据的"标准"。

公元前 221 年,秦始皇统一中国后,用标准化构建其管理基础,采取了车同轨、书同文,行同伦、统一货币,统一度量衡,统一法律等一系列措施,用诏书这一法律形式对计量器具、文字、货币、道路、车辆、兵器等进行了全国性的统一,推行实施标准化。

1949 年 10 月 21 日,新中国刚刚成立 20 天,就在中央技术局内设立了标准规格处,管理全国的标准化工作。几年内,农、林、商业部门,铁道、交通部,纺织、燃料工业部等政府部门都制定实施了一些标准。同时,企业标准化工作也逐步开展起来。据统计,新中国成立后的七年内,共制定了 2000 多个标准和技术条件,对国民经济恢复和社会发展都起到了积极作用。

1957 年,中国加入了国际电工委员会(International Electrotechnical Commission,IEC)。1978 年,中国加入国际标准化组织。1988 年《标准化法》颁布,开启了标准化工作法制管理。2001 年,国务院组建中国国家标准化管理委员会。

党的十八大以来,中国特色社会主义进入新时代,我国的标准化工作也迈上新台阶,党和国家高度重视标准化工作,具体体现在:

2015 年,国务院印发《深化标准化工作改革方案》,明确改革措施为建立高效权威的标准化统筹协调机制,整合精简强制性标准,优化完善推荐性标准,培育发展团体标准,放开搞活企业标准,提高标准国际化水平。

2016 年 9 月,习近平主席在致第 39 届国际标准化组织大会的贺信中,肯定了标准化在便利经贸往来、支撑产业发展、促进科技进步、规范社会治理中的作用,并表示“中国将积极实施标准化战略”。

2017 年 11 月 4 日,十二届全国人大常委会第三十次会议表决通过了修订后的《标准化法》。《标准化法》的主要变化包括:由“政府主导”转变为“政府标准”与“市场标准”协同发展;标准制定范围从工业领域扩大到农业、工业、服务业以及社会事业等领域;明确团体标准是我国标准体系的基本类型;企业标准由“备案制”监管模式变为“自我声明”制度;增设了标准化奖励政策;从鼓励采用国际标准转变为鼓励参与国际标准制定。

2021 年 3 月,《国民经济和社会发展第十四个五年规划和 2035 年远景目标纲要》实施,该纲要 58 次提及“标准”,在创新、智能制造、养老家政服务、新型基础设施、商贸流通、进出口、产品质量、数据、网络安全、信用、绿色农业、物业服务、国际中文教育、能效、快递包装、绿色产品、职业技术教育、基本公共服务、安全生产、食品药品安全、自然灾害防御工程、国防等各领域均对标准化作出了部署。

2021 年 10 月,中共中央、国务院印发《国家标准化发展纲要》,明确发展目标:到 2025 年,实现标准供给由政府主导向政府与市场并重转变,标准运用由产业与贸易为主向经济社会全域转变,标准化工作由国内驱动向国内国际相互促进转变，标准化发展由数量规模型向质量效益型转变。标准化更加有效推动国家综合竞争力提升，促进经济社会高质量发展，在构建新发展格局中发挥更大作用。到2035年，结构优化、先进合理、国际兼容的标准体系更加健全，具有中国特色的标准化管理体制更加完善，市场驱动、政府引导、企业为主、社会参与、开放融合的标准化工作格局全面形成。

2022年7月，国家市场监督管理总局等16部门发布《关于印发贯彻实施〈国家标准化发展纲要〉行动计划的通知》（国市监标技发〔2022〕64号），明确了33项重点工作，以更好发挥标准化在推进国家治理体系和治理能力现代化中的基础性、引领性作用。

总体而言，标准的发展趋势呈现出以下特征：标准供给由政府主导向政府与市场并重转变；标准运用由产业与贸易为主向经济社会全域转变；标准化工作由国内驱动向国内国际相互促进转变；标准化发展由数量规模型向质量效益型转变。

（二）法律

夏、商是中国早期法制的奠基时期，这一时期以习惯法为基本形态，商代的刑法及诉讼制度已经比较完备。

战国时期由早期习惯法向成文法转变。战国初年，魏国李悝制定了《法经》。这一时期还孕育了儒家和法家的主要政治法律思想。

秦汉时期是中国古代成文法法律体系全面确立时期。秦代奉行法家学派的"法治""重刑"。汉武帝"罢黜百家，独尊儒术"后，法律制度在理论、制度上开始"儒家化"。

三国两晋南北朝时，"八议""官当""重罪十条"等已经成为成熟的制度。

隋唐时期，《唐律疏议》问世，体现了中国古代道德与法律的融合过程。同时，中国古代的司法体制、诉讼制度也有一定发展。

宋元明清时期有《宋刑统》《大明律》《大清律》等基本法典。“律”规定着大原则，而“敕”“例”则从各方面进行补充和小幅度的修正。

清末变法，大量引进西方近代法律学说与法律制度，法制现代化开始。

1949年，中国人民政治协商会议第一次全体会议通过的《中华人民政治协商会议共同纲领》起了临时宪法的作用。1954年，一届人大制定了我国第一部社会主义类型的宪法。1982年《宪法》后，共颁布了5部宪法修正案。

2020年5月28日，十三届全国人大三次会议表决通过了《民法典》，是新时代我国社会主义法治建设的重大成果，在法律体系中居于基础性地位，也是市场经济的基本法。2020年5月29日，习近平总书记主持以“切实实施民法典”为主题的十九届中央政治局第二十次集体学习，并发表重要讲话《充分认识颁布实施民法典重大意义　依法更好保障人民合法权益》。《关于〈中华人民共和国民法典（草案）〉的说明》中提道：“回顾人类文明史，编纂法典是具有重要标志意义的法治建设工程，是一个国家、一个民族走向繁荣强盛的象征和标志。”

二、趋势

（一）标准

习近平主席致第39届国际标准化组织大会的贺信中说：“伴随着经济全球化深入发展，标准化在便利经贸往来、支撑产业发展、促进科技进步、规范社会治理中的作用日益凸显。”“标准助推创新发展，标准引领时代进步。”

2017 年修订的《标准化法》确立了由政府主导制定的国家标准、行业标准和地方标准和市场自主制定的团体标准、企业标准协同发展、协调配套的标准体系。将国家标准分为强制性标准、推荐性标准，行业标准、地方标准是推荐性标准。标准范围由工业、工程建设、环境保护为主向农业、工业、服务业、社会事业全域拓展。

2019 年，习近平主席向第 83 届国际电工委员会大会致贺信。习近平指出，当前，绿色低碳循环发展成为人类共同目标，人工智能、大数据、5G 等新技术与新能源发电、电动汽车等深度融合发展，迫切需要制定和应用相关领域国际标准，加强标准领域国际合作。习近平强调，中国高度重视标准化工作，积极推广应用国际标准，以高标准助力高技术创新，促进高水平开放，引领高质量发展。中国将继续积极支持和参与国际标准化活动，愿同各国一道，不断完善国际标准体系和治理结构，更好发挥标准在国际贸易和全球治理中的作用。①

(二)法律

党的十八大以来，中国社会主义法治建设在加强重点领域立法、法治政府建设、推进公正高效权威司法、加强全民普法、法治专门队伍建设、维护社会公平正义等方面都取得了重大进展。中国法治建设从“中国特色社会主义法治”进入“新时代中国特色社会主义法治”。

2020 年 11 月 16 日至 17 日，中央全面依法治国工作会议在北京召开，首次提出习近平法治思想。习近平总书记在会议讲话中提到“十一个坚持”：坚持党对全面依法治国的领导；坚持以人民为

---

① 参见《习近平向第 83 届国际电工委员会大会致贺信》，载《光明日报》2019 年 10 月 22 日，第 1 版。

中心;坚持中国特色社会主义法治道路;坚持依宪治国、依宪执政;坚持在法治轨道上推进国家治理体系和治理能力现代化;坚持建设中国特色社会主义法治体系;坚持依法治国、依法执政、依法行政共同推进,法治国家、法治政府、法治社会一体建设;坚持全面推进科学立法、严格执法、公正司法、全民守法;坚持统筹推进国内法治和涉外法治;坚持建设德才兼备的高素质法治工作队伍;坚持抓住领导干部这个"关键少数"。会议强调,习近平法治思想内涵丰富、论述深刻、逻辑严密、系统完备,从历史和现实相贯通、国际和国内相关联、理论和实际相结合上深刻回答了新时代为什么实行全面依法治国、怎样实行全面依法治国等一系列重大问题。

第四节　国际标准与国际法

一、国际标准

国际标准是指国际标准化组织、国际电工委员会和国际电信联盟(International Telecommunication Union,ITU)制定的标准,以及国际标准化组织确认并公布的其他国际组织制定的标准。目前,世界上最具权威的国际标准化组织有 3 个,分别是国际电工委员会、国际标准化组织和国际电信联盟,其覆盖的领域各不相同,为更好地开展合作,三方联合成立了世界标准合作组织(World Standards Cooperation,WSC),国际标准在世界范围内统一使用。

标准的国际性主要需要关注以下几个方面。

(1)标准的跨国适用性:随着全球经济一体化的不断深化,标准的适用范围也逐渐扩大到跨国公司和跨国贸易领域。因此,在标准实施方面,需要考虑标准的跨国适用性,并加强与其他国家之间的交流和合作，以推动标准的国际化进程。

（2）国际贸易壁垒：一些国家为了保护本国市场和企业，可能会通过限制进口产品的方式，设置一些技术壁垒和标准要求，从而影响其他国家的出口。因此，在标准实施方面，需要关注其他国家的标准制定和实施，以及可能对本国企业出口带来的影响。

（3）标准化人才培养：标准制定和实施需要专业的标准化人才。随着全球经济一体化的不断推进，标准化人才的需求也不断增加。因此，需要加强标准化人才的培养和交流，建立标准化人才的国际合作机制，提高标准化人才的素质和能力。

综上所述，标准的国际视野需要重点从标准的跨国适用性、国际贸易壁垒以及标准化人才培养等方面进行考虑和探讨，以促进全球标准的统一和规范，为企业和消费者提供更好的服务。

二、国际法

国际法的首要渊源是国际条约。国际条约是国际法主体间缔结的相互权利义务关系的书面协议。广义的条约除以“条约”为名的协议外，还包括公约、宪章、盟约、规约、协定、议定书、换文、最后决定书、联合宣言等。狭义的条约仅指重要的、以条约为名的国际协议，如同盟条约、边界条约、通商航海条约等。国际法是各国之间制定的规则和约束，通过国际公约、条约等形式进行确认和实施。在国际商业活动中，国际法对促进市场秩序和保护商业交易双方的权益起着重要作用。《联合国宪章》是联合国的基本大法，它既确立了联合国的宗旨、原则和组织机构设置，又规定了成员国的责任、权利和义务，以及处理国际关系、维护世界和平与安全的基本原则和方法。《联合国宪章》于 1945 年 6 月 26 日在美国旧金山签署，于 1945 年 10 月 24 日正式生效。《联合国宪章》除序言和结语外,共分 19 章 111 条。国际法院规约是《联合国宪章》的组成部分,国际法院为联合国主要司法机关。《世界人权宣言》是联合国的基本法之一,1948 年 12 月 10 日联合国大会通过第 217A(Ⅱ)号决议并颁布,为国际人权领域的实践奠定了基础。

按照条约的参加国数量,条约可分为双边条约即两个国际法主体间缔结的协议、多边条约即两个以上国际法主体间缔结的协议和国际公约即多数国家缔结或参加的通常对非缔约国开放的协议。按照条约的法律性质,条约可分为造法性条约和契约性条约。前者创设新的国际法原则、规则和制度或修改原有的国际法原则、规则和制度;后者指依照原有的国际法规则规范缔约国间某些具体的权利义务关系。1969 年《维也纳条约法公约》对国际条约的缔结、生效、保留、遵守、适用、解释、修正、变更以及条约的无效、终止、中止、退出等制度作了具体的规定。例如,《关于难民地位的公约》于 1951 年 7 月 28 日在联合国难民和无国籍人地位全权代表会议上通过,1954 年 4 月 22 日生效,截至 1997 年 1 月 1 日,缔约国为 128 个。

法律的国际性主要需要关注以下几个方面。

(1)跨境诉讼:随着全球化的发展,跨境贸易和跨国公司的数量不断增加,因此跨境诉讼问题也日益引起关注。在跨境诉讼中,需要考虑不同国家的法律制度、司法程序以及文化差异等因素。

(2)法律援助:为了维护公平正义,各国都设立了法律援助机构,为无力支付诉讼费用的人提供法律帮助和支持。在国际视野下,需要加强各国之间的法律援助合作,为消费者和企业提供更加公正和高效的法律救济服务。

(3)国际仲裁:仲裁是一种非诉讼的解决纠纷方式,具有快速、灵活、低成本等优势。在跨国商业交易中,仲裁机构可以为企业提供可靠的法律保障和纠纷解决服务。

(4)法律人才培养：法律实施需要专业的法律人才支持，随着全球化的发展，各个国家之间的法律制度差异越来越小，因此需要加强国际法律人才的培养和交流，建立国际性的法律教育体系和职业资格认证制度。

综上所述，法律的国际视野需要着重从跨境诉讼、法律援助、国际仲裁以及法律人才培养等方面进行考虑和探讨，为跨境贸易提供支撑和保障，推动全球经济的共同繁荣。

三、比较

首先，标准与法律都基于公正、公平、透明、可预见、合理的原则来制定和实施，避免出现偏袒某些国家或企业的情况。例如，ISO 9001 是一种质量管理体系认证标准，旨在帮助企业建立科学、规范的质量管理体系，提高产品和服务的质量。而中国《产品质量法》则是关于产品质量监督和管理的法律，要求企业必须对产品进行质量检验和合格评定，确保产品符合相关质量标准和法律要求。

其次，标准与法律都尊重和保护知识产权、环境保护、消费者权益等方面的利益，以确保经济、社会和环境的可持续发展。例如，欧盟《关于化学品注册、评估、许可和限制的法规》是关于化学品安全的法规，旨在保护人类健康和环境，并促进化学品安全的生产和使用。而欧盟《关于限制在电子电器设备中使用某些有害成分的指令》则是关于限制有害物质使用的一项由欧盟立法制定的强制性标准，旨在限制电子产品中的有害物质的使用和排放。二者都是欧盟针对环保领域的重要法规和指令，需要企业在生产和销售过程中遵守相关的规定。

最后，标准与法律都是在国际层面上推动全球经济可持续发展的重要机制和工具。标准的制定需要考虑法律的规范性和法律的约束力,以确保标准符合相关法律的规定,不违反相关国家的法律要求。WTO 贸易协定是关于国际贸易规则的协定,旨在促进贸易自由化和公正竞争。而国际标准则是依据各行业的需求制定的标准,用于规范产品、服务和管理等方面的质量、安全、环保等问题。

总之,国际标准和国际法都是以国家为主体进行沟通联系并组织出的各方都接受并遵守的条令或标准,为国际化作出了规范与要求。国际标准是国家间共同制定并遵循的标准,是国家间的标准,覆盖的领域广泛,为建设或管理国际化框架了约束,与法律共同管理。国际法是法律的一个部门,但又是一个性质比较特殊的部门。它不是一国的法,而是国家间的法。二者行使的方式不同,但目的相同。

四、趋势

国际标准有两大趋势:一是向管理、社会治理全域拓展;二是注重发展关键新兴技术领域标准。

《ISO 战略 2030》认为,国际标准在世界上最具影响力和相关性的领域是经济、技术、社会和环境。在《ISO 战略 2030》中提出了三大目标,即标准无处不在、满足全球需求、倾听各方声音。并提出了通过以下优先事项以实现这三大目标,展现 ISO 标准的益处;创新以满足相关需求;根据市场需要及时制定发布 ISO 标准;抓住国际标准化的未来机遇;加强 ISO 成员的能力建设;提升 ISO 体系的包容性和多样性。

国际标准由产品、技术标准向管理、社会治理领域拓展。例如:《社会责任指南》(ISO 26000:2010)旨在为组织提供有关社会责任的指导。《合规管理体系　指南》(ISO 19600:2014)(已废止)

基于善治、相称性、透明度和可持续性原则，为在组织内建立、开发、实施、评估、维护和改进有效且响应迅速的合规管理体系提供了指导。《城市可持续发展及恢复 管理体系 一般原则和要求》（ISO 37101：2016）城市可持续发展的总要求，利益相关方、组织、资源、活动等相互融合和发展，有助于城市可持续、可恢复。《合规管理体系 要求及使用指南》（ISO 37301：2021）规定了在组织内建立、开发、实施、评估、维护和改进有效合规管理体系的要求和指南。《反贿赂管理体系 要求及使用指南》（ISO 37001：2016）规定了建立、实施、维护、审查和改进反贿赂管理体系的要求并提供了指导。

2023 年 5 月，美国政府发布的《关键新兴技术国家标准战略》明确了投资、参与、人才、完整性和包容性四个目标。明确优先考虑的关键新兴技术领域包括通信和网络技术，半导体和微电子，人工智能和机器学习，生物技术，定位、导航和授时服务，数字身份基础设施和区块链技术，清洁能源的生产和储存，量子信息技术。与此前由美国国家标准学会（American National Standards Institute，ANSI）发布的美国标准战略不同，《关键新兴技术国家标准战略》是美国政府层面发布的标准战略，可见美国政府对关键新兴技术标准的重视。

欧洲标准化委员会（Comité Européen de Normalisation，CEN）和欧洲电工标准化委员会（European Committee for Electrotechnical Normalization，CENELEC）共同制定了欧洲标准化《战略 2030》。《战略 2030》明确了五个目标：欧盟和欧洲自由贸易联盟承认并利用欧洲标准化体系的战略价值；我们的客户和利益相关者受益于最先进的数字解决方案；提高 CEN 和 CENELEC 标准的使用和认识；CEN 和 CENELEC 系统成为欧洲标准化的首选；加强我们在国际层面的领导力和雄心。

国际法方面，呈现出主体多样化、价值多元化和发展民主化的发展趋势。[①] 主体方面，国际法主体由主权国家拓展至民族国家、政府间国际组织、国际非政府组织、跨国公司和个人等，这也体现了发展的民主化。国际法的主体决定了国际法的价值。《联合国宪章》的宗旨确立了国际法的首要价值，即国际和平与安全。国际法主体的发展必然会促进国际法的价值变革，人类命运共同体的主体观念确立了共同、综合、合作、可持续的新安全观。[②]

① 参见赵勇：《国际法发展新趋势与非政府组织的参与》，载《海峡法学》2019 年第 4 期。

② 参见江河：《中国外交软实力的强化：以国际法的基本范畴为路径》，载《东方法学》2019 年第 2 期。

第二章　制定的比较

第一节　目的、价值理念和约束范围

一、目的

标准与法律的制定目的具有一致性。

制定标准是“为了在一定范围内获得最佳秩序”“促进最佳社会效益”。这里所说的最佳秩序，是指通过实施标准使标准化对象的有序化程度提高，发挥最好的功能；最佳社会效益，就是要发挥出标准的最佳系统效益，产生理想的效果。标准是经济社会活动的技术依据，在国家治理体系和治理能力现代化建设中，发挥着基础性、战略性、引领性作用。

从广义上来说，立法目的作为法律规范的内在灵魂和精神实质，[①]在反映国家意志的同时也是国家意志形成和表达的必要途径和方式。从狭义上来说，各个部门法的出发点是有很大区别的，具体的区

---

① 参见孔祥俊：《法律解释与适用方法》，中国法制出版社 2017 年版，第 502 页。

别在相关部门法阐述立法目的及任务的条文中都有体现。例如,《民法典》中合同的目的就是促进交易,保障交易安全;《民法典》中物权的目的是物尽其用;刑法的目的就是惩罚犯罪,保护人权;行政法的目的就是制约权力,即“法无规定不可为”。

对于社会成员来说,制定法律的目的是依法治国,用法律的手段规范和引导政府和人们的行为,为社会各项活动的有序开展提供法律依据。制定标准的目的是“在一定范围内获得最佳秩序”“促进最佳社会效益”,通过制定标准并实施,为社会经济技术活动提供共同的准则,协调社会各个生产环节,使社会管理工作系统化、规范化和简单化,最终实现最佳效益和最佳秩序。二者皆是为了社会生活的流畅、安全、完整,提升物质生活的效率,保障公民的权利。

二、价值理念

标准与法律的价值理念存在一致性。

标准是经济活动和社会发展的技术支撑,是国家基础性制度的重要方面。标准化在推进国家治理体系和治理能力现代化中发挥着基础性、引领性作用。新时代推动高质量发展、全面建设社会主义现代化国家,迫切需要进一步加强标准化工作。制定标准要考虑有利于标准体系的建立和不断完善,一定范围内的标准都是互相联系、互相衔接、互相补充、互相制约的。

世界上不存在抽象的、永恒的法的价值评价标准,每个阶级和社会集团、每个人都从自己的需要和利益出发,确定自己的评价标准,法的价值评价必须在一定的历史范围以内,根据人们客观的物质生活条件和行为的客观基础去进行,社会主体的客观需要以及评价对象的性质和规律决定了法的价值评价的主观标准,制约着评价的过程和结果，而且也是最终检验和判断法的价值评价是否正确的根本条件。

法律的价值追求是多方面的，包括秩序、理性、文明、自由、平等、人权、正义等。这些价值为各种法所分别或共同追求。法律的核心价值在于公平、正义。从标准的定义中可以看出，标准所追求的是最佳秩序，而如何获得最佳秩序，就需要在标准实体内容以及制定程序上体现出公平、正义等价值理念。因此，标准和法律在价值理念上存在一致性。

三、约束范围

从《标准化工作指南　第1部分：标准化和相关活动的通用术语》(GB/T 20000.1—2014)的定义上来说，国家标准是"由国家标准机构通过并公开发布的标准"。国家标准可以是推荐性的，也可以是强制性的，大部分国家标准都是建议，而不是义务，因此是否遵守标准也是自愿的，而不是强制性的。但在执行强制标准的领域，机构和有关单位有义务遵守和应用强制的标准。此外，国际标准不是必须采用的，ISO的成员国可以自行决定是否要在国家一级采用这些标准。但是，如果合同中规定了标准，则必须使用标准。

法律是国家的立法机构按照立法程序制定，经国家权力机构发布实施的规范性文件，必须是强制执行的，主要是对人及人的行为的约束。

标准与法律都是管理工作的重要组成部分，通过互相配合，全面促进管理和技术工作的规范化。法律规定权利与义务，标准是技术标准。技术法规属于二者的交集部分，是指规定技术要求的法规，它或者直接规定技术要求，或者通过引用标准、技术规范或规程来规定技术要求，或者将标准、技术规范或规程的内容纳入法规中。目前,我国尚不存在技术法规一说。按标准的约束力,我国标准分为强制性标准和推荐性标准。《标准化法》第二条第三款规定:“强制性标准必须执行。国家鼓励采用推荐性标准。”也就是说,强制性标准必须执行,但其不具有法律的特征,仍不是法律范畴的规范性文件。

第二节　主　　体

一、标准

国家标准、行业标准、地方标准由行政主管部门发布,团体标准由社会团体发布,企业标准由企业发布。但无论哪种标准,政府部门、社会团体、企业事业组织以及公民都可参与起草。

(一)根据《标准化法》

1. 强制性国家标准

国务院有关行政主管部门依据职责负责强制性国家标准的项目提出、组织起草、征求意见和技术审查。国务院标准化行政主管部门负责强制性国家标准的立项、编号和对外通报。省、自治区、直辖市人民政府标准化行政主管部门可以向国务院标准化行政主管部门提出强制性国家标准的立项建议。社会团体、企业事业组织以及公民可以向国务院标准化行政主管部门提出强制性国家标准的立项建议。强制性国家标准由国务院批准发布或者授权批准发布。

2. 推荐性国家标准

推荐性国家标准由国务院标准化行政主管部门制定。

3. 行业标准

行业标准由国务院有关行政主管部门制定，报国务院标准化行政主管部门备案。

4. 地方标准

地方标准由省、自治区、直辖市人民政府标准化行政主管部门制定。设区的市级人民政府标准化行政主管部门根据本行政区域的特殊需要，经所在地省、自治区、直辖市人民政府标准化行政主管部门批准，可以制定本行政区域的地方标准。

5. 团体标准

团体标准由学会、协会、商会、联合会、产业技术联盟等社会团体协调相关市场主体共同制定。

6. 企业标准

企业标准由企业根据需要自行制定，或者与其他企业联合制定。

（二）根据《国家标准管理办法》（国家市场监督管理总局令第59号）

国务院标准化行政主管部门统一管理国家标准制定工作，负责强制性国家标准的立项、编号、对外通报和依据授权批准发布；负责推荐性国家标准的立项、组织起草、征求意见、技术审查、编号和批准发布。

国务院有关行政主管部门依据职责负责强制性国家标准的项目提出、组织起草、征求意见、技术审查和组织实施。

由国务院标准化行政主管部门组建、相关方组成的全国专业标准化技术委员会，受国务院标准化行政主管部门委托，负责开展推荐性国家标准的起草、征求意见、技术审查、复审工作，承担归口推荐性国家标准的解释工作；受国务院有关行政主管部门委托，承担强制性国家标准的起草、技术审查工作;负责国家标准外文版的组织翻译和审查、实施情况评估和研究分析工作。

政府部门、社会团体、企业事业组织以及公民可以根据国家有关发展规划和经济社会发展需要,向国务院有关行政主管部门提出国家标准的立项建议,也可以直接向国务院标准化行政主管部门提出国家标准的立项建议。推荐性国家标准立项建议可以向技术委员会提出。

(三)根据《行业标准管理办法》(2023 年 11 月 13 日国家市场监督管理总局令第 86 号公布)

行业标准是国务院有关行政主管部门依据其行政管理职责,对没有推荐性国家标准而又需要在全国某个行业范围内统一的技术要求所制定的标准。国务院有关行政部门应当委托标准技术委员会或者成立审查专家组对行业标准送审稿开展技术审查,重点审查技术要求的科学性、合理性、适用性、规范性。

国务院标准化行政主管部门统一指导、协调、监督行业标准的制定及相关管理工作。

国务院有关行政主管部门统一管理本部门职责范围内的行业标准,负责行业标准判定、实施、复审、监督等管理工作。依法承担本部门职责范围内的行业标准制定、实施、复审等管理工作。

(四)根据《地方标准管理办法》(国家市场监督管理总局令第 26 号)

为满足地方自然条件、风俗习惯等特殊技术要求,省级标准化行政主管部门和经其批准的设区的市级标准化行政主管部门可以在农业、工业、服务业以及社会事业等领域制定地方标准。

国务院标准化行政主管部门统一指导、协调、监督全国地方标准的制定及相关管理工作。

县级以上地方标准化行政主管部门依据法定职责承担地方标准管理工作。

省级标准化行政主管部门应当组织标准化技术委员会，承担地方标准的起草、技术审查工作。设区的市级标准化行政主管部门应当发挥标准化技术委员会作用，承担地方标准的起草、技术审查工作。

社会团体、企业事业组织以及公民可以向设区的市级以上地方标准化行政主管部门或者有关行政主管部门提出地方标准立项建议。

（五）根据《团体标准管理规定》（国标委联〔2019〕1号）

团体标准是依法成立的社会团体为满足市场和创新需要，协调相关市场主体共同制定的标准。

制定团体标准应当吸纳生产者、经营者、使用者、消费者、教育科研机构、检测及认证机构、政府部门等相关方代表参与。支持消费者和中小企业代表参与团体标准制定。

（六）根据《企业标准化促进办法》（国家市场监督管理总局令第83号）

企业标准是企业对企业范围内需要协调、统一的技术要求、管理要求和工作要求所制定的标准。

（七）根据《浙江省标准化条例》（浙江省第十三届人民代表大会常务委员会公告第53号）

1. 地方标准

省、设区的市标准化主管部门负责地方标准的立项、审查、批准、编号、发布、宣传、复审。省、设区的市有关主管部门负责本部门、本行业地方标准的立项申请、组织起草、征求意见、提出复审建议。单位和个人可以向省、设区的市标准化主管部门或者其他有关主管部门提出地方标准立项建议。

2. 团体标准

制定团体标准应当吸纳不同地区、不同规模、不同性质的企业参与。

3. 企业标准

企业应当根据市场和创新需求，建立健全企业标准体系，保持企业标准的先进性、适用性和有效性。

4. “浙江标准”

本省制定的地方标准、团体标准和企业标准，经自愿申请和第三方机构评价，符合引领高质量发展要求的，可以在标准文本上使用“浙江标准”标识。具体评价规则由省标准化主管部门会同同级有关主管部门制定公布。

二、法律

总的来说，宪法的制定主体为全国人民代表大会；法律的制定主体为全国人民代表大会和全国人民代表大会常务委员会；行政法规的制定主体为国务院；地方性法规的制定主体为省、自治区、直辖市和设区的市、自治州的人民代表大会及其常务委员会；规章的制定主体为国务院各部、各委员会，以及省、自治区、直辖市和设区的市、自治州的人民政府。但随着立法机制体制的健全，正在逐步实现让人民群众在广泛范围内和更深层次上参与立法。

（一）根据《宪法》

1. 宪法

全国人民代表大会和全国人民代表大会常务委员会行使国家立法权。

全国人民代表大会行使的职权包括：修改宪法。

宪法的修改，由全国人民代表大会常务委员会或者五分之一以上的全国人民代表大会代表提议，并由全国人民代表大会以全体代表的三分之二以上的多数通过。

2. 法律

全国人民代表大会行使的职权包括：制定和修改刑事、民事、国家机构的和其他的基本法律。

法律和其他议案由全国人民代表大会以全体代表的过半数通过。

全国人民代表大会常务委员会行使的职权包括：制定和修改除应当由全国人民代表大会制定的法律以外的其他法律；在全国人民代表大会闭会期间，对全国人民代表大会制定的法律进行部分补充和修改，但是不得同该法律的基本原则相抵触。

3. 行政法规

国务院行使的职权包括：根据宪法和法律，规定行政措施，制定行政法规，发布决定和命令。

4. 规章

国务院各部、各委员会根据法律和国务院的行政法规、决定、命令，在本部门的权限内，发布命令、指示和规章。

5. 地方性法规

省、直辖市的人民代表大会和它们的常务委员会，在不同宪法、法律、行政法规相抵触的前提下，可以制定地方性法规，报全国人民代表大会常务委员会备案。

设区的市的人民代表大会和它们的常务委员会，在不同宪法、法律、行政法规和本省、自治区的地方性法规相抵触的前提下，可以依照法律规定制定地方性法规，报本省、自治区人民代表大会常务委员会批准后施行。

6. 自治条例和单行条例

民族自治地方的人民代表大会有权依照当地民族的政治、经济和文化的特点，制定自治条例和单行条例。自治区的自治条例和单行条例，报全国人民代表大会常务委员会批准后生效。自治州、自治县的自治条例和单行条例，报省或者自治区的人民代表大会常务委员会批准后生效，并报全国人民代表大会常务委员会备案。

（二）根据《立法法》

1. 法律

全国人民代表大会和全国人民代表大会常务委员会根据宪法规定行使国家立法权。

全国人民代表大会制定和修改刑事、民事、国家机构的和其他的基本法律。

全国人民代表大会常务委员会制定和修改除应当由全国人民代表大会制定的法律以外的其他法律；在全国人民代表大会闭会期间，对全国人民代表大会制定的法律进行部分补充和修改，但是不得同该法律的基本原则相抵触。

全国人民代表大会可以授权全国人民代表大会常务委员会制定相关法律。

只能制定法律的事项：国家主权的事项；各级人民代表大会、人民政府、监察委员会、人民法院和人民检察院的产生、组织和职权；民族区域自治制度、特别行政区制度、基层群众自治制度；犯罪和刑罚；对公民政治权利的剥夺、限制人身自由的强制措施和处罚；税种的设立、税率的确定和税收征收管理等税收基本制度；对非国有财产的征收、征用；民事基本制度；基本经济制度以及财政、海关、金融和外贸的基本制度；诉讼制度和仲裁基本制度；必须由全国人民代表大会及其常务委员会制定法律的其他事项。以上事项尚未制定法律的，全国人民代表大会及其常务委员会有权作出决定，授权国务院可以根据实际需要，对其中的部分事项先制定行政法规，但是有关犯罪和刑罚、对公民政治权利的剥夺和限制人身自由的强制措施和处罚、司法制度等事项除外。

全国人民代表大会主席团可以向全国人民代表大会提出法律案。全国人民代表大会常务委员会、国务院、中央军事委员会、国家监察委员会、最高人民法院、最高人民检察院、全国人民代表大会各专门委员会，可以向全国人民代表大会提出法律案。一个代表团或者三十名以上的代表联名，可以向全国人民代表大会提出法律案。

委员长会议可以向常务委员会提出法律案。国务院、中央军事委员会、国家监察委员会、最高人民法院、最高人民检察院、全国人民代表大会各专门委员会，可以向常务委员会提出法律案。常务委员会组成人员十人以上联名，可以向常务委员会提出法律案。

2. 地方性法规、自治条例和单行条例

省、自治区、直辖市的人民代表大会及其常务委员会根据本行政区域的具体情况和实际需要，在不同宪法、法律、行政法规相抵触的前提下，可以制定地方性法规。

设区的市的人民代表大会及其常务委员会根据本市的具体情况和实际需要，在不同宪法、法律、行政法规和本省、自治区的地方性法规相抵触的前提下，可以对城乡建设与管理、生态文明建设、历史文化保护、基层治理等方面的事项制定地方性法规。自治州的人民代表大会及其常务委员会可以依照此款规定行使设区的市制定地方性法规的职权。

除省、自治区的人民政府所在地的市，经济特区所在地的市和国务院已经批准的较大的市以外,其他设区的市开始制定地方性法规的具体步骤和时间,由省、自治区的人民代表大会常务委员会综合考虑本省、自治区所辖的设区的市的人口数量、地域面积、经济社会发展情况以及立法需求、立法能力等因素确定。

民族自治地方的人民代表大会有权依照当地民族的政治、经济和文化的特点,制定自治条例和单行条例。

省、自治区、直辖市和设区的市、自治州的人民代表大会常务委员会根据实际需要设立基层立法联系点,深入听取基层群众和有关方面对地方性法规、自治条例和单行条例草案的意见。

3. 规章

国务院各部、委员会、中国人民银行、审计署和具有行政管理职能的直属机构以及法律规定的机构,可以根据法律和国务院的行政法规、决定、命令,在本部门的权限范围内,制定规章。

省、自治区、直辖市和设区的市、自治州的人民政府,可以根据法律、行政法规和本省、自治区、直辖市的地方性法规,制定规章。

(三)根据《国务院组织法》

国务院发布的决定、命令和行政法规,向全国人民代表大会或者全国人民代表大会常务委员会提出的议案,任免人员,由总理签署。

根据法律和国务院的决定,主管部、委员会可以在本部门的权限内发布命令、指示和规章。

(四)根据《行政法规制定程序条例》

国务院于每年年初编制本年度的立法工作计划。国务院有关部门认为需要制定行政法规的,应当于国务院编制年度立法工作计划前,向国务院报请立项。国务院法制机构应当向社会公开征集行政法规制定项目建议。

行政法规由国务院组织起草。国务院年度立法工作计划确定行政法规由国务院的一个部门或者几个部门具体负责起草工作,也可以确定由国务院法制机构起草或者组织起草。起草行政法规,起草部门应当深入调查研究,总结实践经验,广泛听取有关机关、组织和公民的意见。

(五)根据《地方各级人民代表大会和地方各级人民政府组织法》

1. 地方性法规

省、自治区、直辖市的人民代表大会根据本行政区域的具体情况和实际需要,在不同宪法、法律、行政法规相抵触的前提下,可以制定和颁布地方性法规。

设区的市、自治州的人民代表大会根据本行政区域的具体情况和实际需要,在不同宪法、法律、行政法规和本省、自治区的地方性法规相抵触的前提下,可以依照法律规定的权限制定地方性法规。

省、自治区、直辖市以及设区的市、自治州的人民代表大会根据区域协调发展的需要,可以开展协同立法。

省、自治区、直辖市的人民代表大会常务委员会在本级人民代表大会闭会期间,根据本行政区域的具体情况和实际需要,在不同宪法、法律、行政法规相抵触的前提下,可以制定和颁布地方性法规。

设区的市、自治州的人民代表大会常务委员会在本级人民代表大会闭会期间,根据本行政区域的具体情况和实际需要,在不同宪法、法律、行政法规和本省、自治区的地方性法规相抵触的前提下,可以依照法律规定的权限制定地方性法规。

省、自治区、直辖市以及设区的市、自治州的人民代表大会常务委员会根据区域协调发展的需要,可以开展协同立法。

2. 规章

省、自治区、直辖市的人民政府可以根据法律、行政法规和本省、自治区、直辖市的地方性法规,制定规章。

设区的市、自治州的人民政府可以根据法律、行政法规和本省、自治区的地方性法规,依照法律规定的权限制定规章。

(六)根据《规章制定程序条例》

国务院部门内设机构或者其他机构认为需要制定部门规章的,应当向该部门报请立项。

省、自治区、直辖市和设区的市、自治州的人民政府所属工作部门或者下级人民政府认为需要制定地方政府规章的,应当向该省、自治区、直辖市或者设区的市、自治州的人民政府报请立项。

国务院部门,省、自治区、直辖市和设区的市、自治州的人民政府,可以向社会公开征集规章制定项目建议。

部门规章由国务院部门组织起草,地方政府规章由省、自治区、直辖市和设区的市、自治州的人民政府组织起草。

国务院部门可以确定规章由其一个或者几个内设机构或者其他机构具体负责起草工作,也可以确定由其法制机构起草或者组织起草。

省、自治区、直辖市和设区的市、自治州的人民政府可以确定规章由其一个部门或者几个部门具体负责起草工作,也可以确定由其法制机构起草或者组织起草。

第三节　客　　体

一、标准

标准的客体是指在国民经济的各个领域中，凡具有多次重复使用和需要制定标准的具体产品，以及各种定额、规划、要求、方法、概念等。标准化客体一般可分为两大类：一类是标准化的具体客体，即需要制定标准的具体事物。例如，青岛市地方标准《机动车检验机构经营服务规范》（DB3702/T 0005—2021）对人员、场所环境、设备与设施要求、服务要求、服务评价与改进等内容作出了明确的规定，对机动车检验机构的经营服务管理工作以及机动车检验机构的自我评价进行了规范，有利于对机动车检验机构经营服务进行管理和指导，对推动机动车检验机构经营行业健康有序发展具有重要意义。另一类是标准化的总体客体，即各种具体客体的总和所构成的整体，通过它可以研究各种具体客体的共同属性、本质和普遍规律。例如，山东省地方标准《啤酒工业绿色工厂评价规范》（DB37/T 4063—2020）从基本要求、评价内容、评价方法及评价报告等方面作出了详细规定。其中评价内容包括一级指标和二级指标。一级指标涵盖了基础设施、管理体系、能源与资源投入、产品、环境排放、绩效六个方面。二级指标细化了一级指标，分为必选指标和可选指标两种类型。通过评价内容对所有具体客体的描述及规定来进行评价及规范，有利于对啤酒工业绿色工厂进行评价，对推进啤酒工业绿色工厂的评分建设有重大作用。

二、法律

法律的客体是法律关系主体之权利和义务所指向的对象、事务,包括物、人身、精神产品和行为结果四大类,又称权利客体、义务客体。它是将法律关系主体之间的权利与义务联系在一起的中介,没有法律关系的客体,就不可能形成法律关系。因此,客体是构成法律关系必须具备的一个要素。

(一)物

法律意义上的物是指法律关系主体支配的、在生产上和生活上所需要的客观实体。物要成为法律关系客体,须具备以下条件:第一,应得到法律之认可。第二,应为人类所认识和控制。第三,能够给人们带来某种物质利益,具有经济价值。第四,须具有独立性。至于哪些物可以成为法律关系客体,应由法律予以规定。

(二)人身

人身是由各个生理器官组成的生理整体(有机体),须注意的是:第一,活人的(整个)身体,不得视为法律上的"物",不能作物权、债权和继承权的客体。第二,权利人对自己的人身不得进行违法或有伤风化的活动,不得滥用人身或自践人身和人格。第三,对人身行使权利时必须依法进行,不得超出法律授权的界限,严禁对他人人身非法强行行使权利。

(三)精神产品

精神产品是人通过某种物体或大脑记载下来并加以流传的思维成果。精神产品属于非物质财富。我国法学界常称其为"智力成果"或"无体财产"。

(四)行为结果

在很多法律关系中,其主体的权利和义务所指向的对象是行为结果。行为结果分为两种:一种是物化结果;另一种是非物化结果。

三、比较

标准和法律的区别是,法律的核心要素是规定权利和义务,标准不直接规定权利和义务,而是规定技术、管理、服务要求。标准约束的对象主要是重复性概念或事物,法律主要是对人与人的行为的约束。

标准和法律的相同之处则是,都是从大量实际、具体的行为总结出来的一种一般的模式,是反复使用多次的。在使用范围内所有公民或产品一概适用的,不允许有规定之外的特殊,即要求标准、法律面前平等。

标准的调整对象主要是共同性概念或事物、重复性概念或事物,是各种活动或其结果,目的是共同使用和重复使用。我国古代工匠总结出"灌钢"冶炼技术规范是为了获得一种含碳量比较高的优质钢,为人们提供更有效率的工具。我国气象行业标准《人工影响天气焰条运输存储要求》(QX/T 647—2022)规定"焰条不应与化学物品、火工品混装,不宜与其他无关的货物混运",是为了焰条包装能适应汽车、火车、轮船、飞机等运输工具的运输,适应人力和机械装卸的要求,搬运方便、堆码稳定、运输安全。

法律的调整对象又称"法的对象",是指法所调整的一定的能够体现为意志关系的具体社会关系。法是社会关系的调整器,它所调整的社会关系具有以下特点:(1)是一定范围的社会关系,是统治阶级认为最重要的、体现和反映国家、组织和个人重要利益的社会关系,而不是全部的社会关系。(2)是可以体现为意志关系和意志行为的社会关系,是人们为了实现一定目的而自觉努力的心理状态支配下所形成的社会关系和行为,而无意志的行为不能成为法律调整的对象。(3)是现实中具体存在的、具有明确的主体、客体和具体权利义务的社会关系,而抽象的、观念的关系是不能成为法律调整对象的。

标准调整人与自然规律的关系,追求效率与科学,而法律调整人与人直接的社会关系,追求公平正义。二者调整对象的客体各有不同,又有相交,即都可对人的行为作出调整,皆是为了公民更加和谐美好的生活。

第四节　内　　容

一、构成要素

(一)标准

标准内容是由相对独立的功能单位——要素构成。从不同的维度,可将要素分为不同的类别。按要素所起的作用可分为规范性要素和资料要素。按要素存在的状态可分为必备要素和可选要素。

要素的内容由条款和/或附加信息构成,规范性要素主要由条款构成,还可包括少量附加信息;资料性要素由附加信息构成。构成要素的条款或附加信息通常的表述形式为条文。为了便于文件结构的安排和内容的理解,有些条文需要采取附录、图、表、数学公式等表述形式。

标准中各要素的类别、构成及表述形式见表2-1。

表 2－1　标准中各要素的类别、构成及表述形式

<table>
<tr><th rowspan="2">要素</th><th colspan="3">类别</th><th rowspan="2">要素的构成</th><th rowspan="2">要素表述形式</th></tr>
<tr><th>规范性或资料性</th><th>必备或可选要素</th><th>补充要素</th></tr>
<tr><td>封面</td><td rowspan="4">资料性</td><td>必备</td><td rowspan="14">—</td><td rowspan="4">附加信息</td><td>标明文件信息</td></tr>
<tr><td>目次</td><td>可选</td><td>列表
（自动生成的内容）</td></tr>
<tr><td>前言</td><td>必备</td><td>条文、注、脚注、指明附录</td></tr>
<tr><td>引言</td><td>可选</td><td>条文、图、表、数学公式、注、脚注、指明附录</td></tr>
<tr><td>范围</td><td>规范性</td><td>必备</td><td>条款、附加信息</td><td>条文、表、注、脚注</td></tr>
<tr><td>规范性引用文件</td><td>资料性</td><td>必备/可选</td><td>附加信息</td><td>清单、注、脚注</td></tr>
<tr><td>术语和定义</td><td rowspan="6">规范性</td><td>必备/可选</td><td rowspan="6">条款、附加信息</td><td>条文、图、数学公式、示例、注、引用、提示</td></tr>
<tr><td>符号和缩略语</td><td rowspan="3">可选</td><td rowspan="5">条文、图、表、数学公式、示例、注、脚注、引用、提示、指明附录</td></tr>
<tr><td>分类和编码/系统构成</td></tr>
<tr><td>总体原则和/或总体要求</td></tr>
<tr><td>核心技术要素</td><td>必备</td></tr>
<tr><td>其他技术要素</td><td rowspan="3">可选</td></tr>
<tr><td>参考文献</td><td rowspan="2">资料性</td><td rowspan="5">附加信息</td><td>清单、脚注</td></tr>
<tr><td>索引</td><td>列表
（自动生成的内容）</td></tr>
<tr><td>附录</td><td>资料性/规范性</td><td rowspan="3">可选</td><td rowspan="3">补充</td><td>示例、注、脚注、图、表</td></tr>
<tr><td>脚注</td><td>资料性</td><td rowspan="2">条文、数学公式</td></tr>
<tr><td>采用说明的注</td><td>资料性</td></tr>
<tr><td colspan="6">章编号和标题的设置是必备的，要素内容的有无根据具体情况进行选择</td></tr>
</table>

(二)法律

法律要素是指构成法律的基本因素或元素。一般认为,法律由规则、原则和概念三种要素构成。

1. 法律规则

法律规则是采取一定的结构形式具体规定人们的法律权利、法律义务以及相应的法律后果的行为规则。

法律规则分为授权性规则与义务性规则;确定性规则、委任性规则和准用性规则;强行性规则与指导性规则;调整性规则和构成性规则;规则性规则和标准性规则。

在逻辑结构上,完整的法律规则由假定(条件)、行为模式和法律后果三部分构成。法律规则是法律条文的内容,法律条文是法律规则的表现形式。

2. 法律原则

法律原则是指在一定法律体系中作为法律规则的指导思想、基础或本源的综合性、稳定性原理和准则。

3. 法律概念

法律概念是法律的构成要素之一,是对各种法律事实进行概括,抽象出它们的共同特征而形成的权威性范畴。法律概念与日常生活用语中的概念不同,它具有明确性、规则性、统一性等特点。法律概念是构成整个法律体系的原子,是法律知识体系中最基本的要素。

(三)比较

标准与法律构成要素的内容、形式上存在差异。标准条款的内容主要使用“应”“宜”“可”字眼,“应”表示的是强制性要求,“宜”表示建议性、推荐性,“可”表示的是允许性。在内容上,标准与法律的最大的区别是标准没有后果性规定,如何处置一个违反了标准的行为，由法律等相关规定予以解决。在形式上，法律一般在内容的排版上分成章、节、条、款、项、目等，而标准则有固定的格式要求，《标准化工作导则　第1部分：标准化文件的结构和起草规则》（GB/T 1.1—2020）确立了标准化文件的结构及其起草的总体原则和要求，并规定了文件名称、层次、要素的编写和表述规则以及文件的编排格式。标准形式上的要求要严于法律。法律的内容有特殊的逻辑构成。法律规范一般由行为模式和法律后果两部分构成。行为模式包括：可以这样行为，称为授权性规范；必须这样行为，称为命令性规范；不许这样行为，称为禁止性规范。法律后果分为两种：一是肯定性法律后果，包括国家承认行为合法、有效，应予保护甚至奖励；二是否定性法律后果，包括国家不承认行为合法，行为无效或者应受到法律的制裁。

从上述分析中可以得出结论：标准与法律虽然同属于规范，但二者的构成要素及性质截然不同。标准的规范构成要素本身不具有法律意义，而具有科学和技术的意义。因此，标准并不具有法律的规范性或类似的规范性，标准的规范性仍只在科学技术层面，也就是说标准属于单纯的技术规范。

二、语言表达

（一）规范表述

1. 标准

《标准化工作导则》（GB/T 1）、《标准化工作指南》（GB/T 20000）、《标准编写规则》（GB/T 20001）、《标准中特定内容的起草》（GB/T 20002）、《标准制定的特殊程序》（GB/T 20003）、《团体标准化》（GB/T 20004）共同构成支撑标准制定工作的基础性国家标准体系。

《标准化工作导则》(GB/T 1)是指导标准化活动的基础性和通用性的标准,旨在确立普遍适用于标准化文件起草、制定和组织工作的准则。《标准化工作导则　第1部分:标准化文件的结构和起草规则》(GB/T 1.1—2020)确立了标准化文件的结构及其起草的总体原则和要求,并规定了文件名称、层次、要素的编写和表述规则以及文件的编排格式。《标准化工作导则　第2部分:以ISO/IEC标准化文件为基础的标准化文件起草规则》(GB/T 1.2—2020)界定了国家标准化文件与对应ISO/IEC标准化文件的一致性程度,确立了以ISO/IEC标准化文件为基础起草国家标准化文件的总体原则和要求,规定了起草步骤、相关要素和附录的编写规则。

《标准化工作指南》(GB/T 20000)现行各部分:第1部分,标准化和相关活动的通用术语;第3部分,引用文件;第6部分,良好实践指南(2024版);第8部分,阶段代码系统的使用原则和指南;第10部分,国家标准的英文译本翻译通则;第11部分,国家标准的英文译本通用表述。系列标准规定了标准化相关通用术语、引用文件良好实践等工作要求。

《标准编写规则》(GB/T 20001)是依据标准内容的功能或标准化对象等属性,将标准划分为不同的功能类型或对象类别,针对这些功能类型、对象类别的标准分别确立的编写规则,如GB/T 20001已经发布的部分:第1部分,术语;第2部分,符号标准;第3部分,分类标准;第4部分,试验方法标准;第5部分,规范标准;第6部分,规程标准;第7部分,指南标准;第8部分,评价标准;第10部分,产品标准;第11部分,管理体系标准。

《标准中特定内容的起草》(GB/T 20002)是为编写特定内容时提供方向明确的指导这一目标而编制的指南类型的标准化文件。这些特定内容主要涉及政策层面关注的问题,一是公共利益方面，如安全、环保、可持续发展等；二是关注弱势群体方面，如老年人、残障人士、中小微型企业的需求等。GB/T 20002 分为六个部分：第 1 部分，儿童安全；第 2 部分，老年人和残疾人的需求；第 3 部分，产品标准中涉及环境的内容；第 4 部分，标准中涉及安全的内容；第 5 部分，涉及可持续性（正在起草）；第 6 部分，涉及中小微型企业需求。

《标准制定的特殊程序》（GB/T 20003）目前发布了第 1 部分：涉及专利的标准，规定了标准制定和修订过程中涉及专利问题的处置要求和特殊程序。

《团体标准化》（GB/T 20004）分为：第 1 部分，良好行为指南；第 2 部分，良好行为评价指南。GB/T 20004. 1 提供了团体开展标准化活动的一般原则，以及团体标准制定机构的管理运行、团体标准的制定程序和编写规则等方面的良好行为指南。GB/T 20004. 2 确立了对社会团体开展团体标准化良好行为评价的基本原则，提供了评价内容和评价程序等方面的指导和建议。

然而，一些标准的表述严格来说是不符合《标准化工作导则　第 1 部分：标准化文件的结构和起草规则》（GB/T 1. 1—2020）的。例如，江苏省地方标准《政务服务分中心运行规范》（DB32/T 4607—2023）“5. 2. 1　综合性分中心由本级政务服务管理部门承担大厅建设管理主体责任。5. 2. 2　专业性分中心由业务主管部门承担大厅建设、事项管理、作风建设主体责任”。阳泉市地方标准《政府采购不见面开标工作规范》（DB1403/T 11—2022）“4. 4. 2　公证人员应对其公证事项承担相应的法律责任。对招投标活动依法负有行政监督职责的国家机关工作人员徇私舞弊、滥用职权或玩忽职守，构成犯罪的，依法追究到底，不构成犯罪的，依法予以行政处分”。而在《标准化工作导则　第 1 部分：标准化文件的结构和起草规则》（GB/T 1. 1—2020）中 5. 5. 3 规定：文件中不应规定诸如索赔、担保、费用结算等合同要求，也不应规定诸如行政管理措施、法律责任、罚则等法律法规要求。

再如，《标准化工作导则　第 1 部分：标准化文件的结构和起草规则》（GB/T 1. 1—2020）中 9. 5. 4. 4. 3 规定：起草文件时不应规范性引用法律、行政法规、规章和其他政策性文件，也不应普遍性要求符合法规或政策性文件的条款。诸如“……应符合国家有关法律法规”的表述是不正确的。因为文件使用者不管是否声明符合标准，均需要遵守法律法规。而在实际起草过程中，一些标准中会使用类似“符合法律法规”的表述，尤其是社会治理、公共服务方面的标准。例如，河北省地方标准《滦河及冀东沿海流域水污染物排放标准》（DB13/ 5882—2023）规范性引用了《人工湿地水质净化技术指南》（环办水体函〔2021〕173 号）。湖南省地方标准《公共资源交易项目进场受理登记服务规范　第 1 部分：工程建设和政府采购项目》（DB43/T 2735. 1—2023）规定：“4. 1　进场交易项目应合法合规、客观真实，且满足进入公共资源交易平台服务机构交易的条件。”“4. 3　涉密项目进场进入公共资源交易平台服务机构交易的，应符合国家相关保密规定，采用现场线下受理登记方式。”

2. 法律

《立法法》第六十五条规定，法律根据内容需要，可以分编、章、节、条、款、项、目。编、章、节、条的序号用中文数字依次表述，款不编序号，项的序号用中文数字加括号依次表述，目的序号用阿拉伯数字依次表述。法律标题的题注应当载明制定机关、通过日期。经过修改的法律，应当依次载明修改机关、修改日期。全国人民代表大会常务委员会工作机构编制立法技术规范。

《立法技术规范（试行）（一）》包含法律结构规范、法律条文表述规范、法律常用词语规范、法律修改形式规范、法律废止形式规范等。如法律设章、节的，在正文前须列“目录”将各章、节的名称按序排列表述,各章下的节单独排序。条、款、项、目不列入目录中。附则单列为一章。

《立法技术规范(试行)(二)》包含法律条文表述规范、法律常用词语规范等。法律条文表述规范部分规定了部门(机构)职责的表述、制定行政法规或者部门规章的表述、制定地方性法规或者地方政府规章的表述、罚款规定的表述、刑法以外的法律中刑事责任规定的表述。以罚款规定的表述为例,罚款规定一般应明确罚款的数额或者幅度。对违法行为能够以违法数额、违法所得数额、造成的实际损失等作为参考系数确定罚款数额的,可以使用处以该系数的倍数或者比例罚款的表述。对违法行为难以用违法数额、违法所得数额、造成的实际损失等作为参考系数确定罚款数额的,可以使用确定数额以内或者一定幅度以内罚款的表述。在规定处以一定幅度的数额罚款时,最低数额与最高数额之间一般不超过10倍。规定罚款数额上限不规定下限的,表述为:可以处××元以下罚款。规定确定罚款数额或者数额幅度的,"处"之前不加"可以"。

(二)特定用词

1. 标准

附录C规定了条款类型的表述使用的能愿动词或句子语气类型。例如:表示需要满足的要求应使用"应";表示推荐或指导应使用"宜";表示允许应使用"可";表示需要去做或完成指定事项的才能、适应性或特性等能力应使用"能";表示预期的或可想到的物质、生理或因果关系导致的结果应使用"可能"。

然而,一些标准在制定过程中并未严格遵守GB/T 1.1的用词相关规则,如川渝区域地方标准《美丽巴蜀宜居乡村示范带村容村貌提升规范》(DB50/T 10005—2023　DB51/T 10005—2023)中

6.2.9 规定:“不得占用农用地建设硬化的停车场,鼓励利用零星地、低效用地适当规划公共停车点,停车点应采用透水植草砖、卵石等生态施工方法。”《标准化工作导则　第 1 部分:标准化文件的结构和起草规则》(GB/T 1.1—2020)附录 C(规范性)条款类型的表述使用的能愿动词或句子语气类型中的 C.1 规定:不使用“不可”“不得”“禁止”代替“不应”来表示禁止。

2. 法律

立法技术规范包含有关立法结构、法条表述、术语运用、修改和废止形式等技术层面的规则。

《立法技术规范(试行)(一)》包含法律结构规范、法律条文表述规范、法律常用词语规范、法律修改形式规范、法律废止形式规范等。法律常用词语规范明确了“和,以及,或者”“应当,必须”“不得,禁止”“但是,但”“除……外,除……以外”“依照,按照,参照”“制定,规定”“会同,商”“缴纳,交纳”“抵销,抵消”“账,帐”“以上,以下,以内,不满,超过”“日,工作日”的使用。以“应当,必须”“不得,禁止”的使用为例。法律在表述义务性规范时,一般用“应当”,不用“必须”。“不得”“禁止”都用于禁止性规范的情形。“不得”一般用于有主语或者有明确的被规范对象的句子中,“禁止”一般用于无主语的祈使句中。

《立法技术规范(试行)(二)》包含法律条文表述规范、法律常用词语规范等。法律常用词语规范明确了“作出,做出”“公布,发布,公告”“违法,非法”“设定,设立”“执业人员,从业人员”“批准,核准”“注销,吊销,撤销”“根据,依据”“谋取,牟取”的使用。以“作出,做出”的使用为例,“作出”多与决定、解释等词语搭配使用,“做出”多与成绩等名词词语搭配使用。

《行政法规制定程序条例》规定:行政法规应当备而不繁,逻辑严密,条文明确、具体,用语准确、简洁,具有可操作性。行政法规根据内容需要，可以分章、节、条、款、项、目。章、节、条的序号用中文数字依次表述，款不编序号，项的序号用中文数字加括号依次表述，目的序号用阿拉伯数字依次表述。

《规章制定程序条例》规定：规章用语应当准确、简洁，条文内容应当明确、具体，具有可操作性。法律、法规已经明确规定的内容，规章原则上不作重复规定。除内容复杂的外，规章一般不分章、节。

3. 比较

法律表肯定的用词有：应当；标准表肯定的用词有：必须、应、宜、可。而表示否定的那些用语，法律有：不得，禁止；标准有：不应、不宜。

这些都是法律和标准的常用词，而对其所表达的含义，国家相关立法部门和机关其实是有明确文件规定的。

以"表示有选择，在一定条件下可以这样做"的释义为例，采用"可"，有的标准采用了"可以""应当""必须""不得"这些行为模式用语，但是其与法律文本中的同一用语的意义完全不同。法律文本中的"可以"实为法律之权利，"应当""必须""不得"则为法律上作为或不作为之义务。然而，标准中的"可以""应当""必须""不得"并不意味着法律之权利或义务，只意味着从技术性层面上判断，按照标准的要求实施的行为具有技术上和科学上的合理性。

三、写法分析

1. 国家标准方面

《保险消费投诉处理规范》(GB/T 43568—2023)规定："保险机构在消费投诉处理中，应承担主体责任，及时妥善解决消费者合理诉求，化解矛盾纠纷，维护消费者合法权益。"此规定的"应承担主体责任”写法不妥。

《银行业保险业消费投诉处理管理办法》第四条规定：“银行保险机构是维护消费者合法权益、处理消费投诉的责任主体，负责对本单位及其分支机构消费投诉处理工作的管理、指导和考核，协调、督促其分支机构妥善处理各类消费投诉。”该办法规定的是“责任主体”，责任主体是指承担法律后果和责任的主体，是属于法律主体的范围，且该办法全文及其他法律文件均未提到保险机构是主体责任，相当于该国家标准给保险机构规定了他的法律责任是“主体责任”，这是不合法的。《标准化法》规定了标准给出的是“技术要求”。“责任主体”和“主体责任”是完全不同的意思，这在《银行保险机构声誉风险管理办法（试行）》可以说明。该办法第四条规定“银行保险机构承担声誉风险管理的主体责任”，提到的就是“主体责任”。

同样该国家标准规定，投诉处理总体要求为“主体责任、公平合理、及时高效、利益回避、信息保密和多元化解”。这与《银行业保险业消费投诉处理管理办法》第三条规定的“银行业保险业消费投诉处理工作应当坚持依法合规、便捷高效、标本兼治和多元化解原则”也存在很大的差异。投诉处理工作最核心的“依法合规、标本兼治”没有在该国家标准中体现，不符合《银行业保险业消费投诉处理管理办法》的要求，也不符合标准的编制要求。

《用电检查规范》（GB 43456—2023）规定“供电企业开展用电检查时，因电力用户产权设施所引起的损坏或损害由电力用户承担”，此规定明确了电力用户的责任不妥。

《民法典》第六百四十九条规定：“供用电合同的内容一般包括供电的方式、质量、时间，用电容量、地址、性质，计量方式，电价、电费的结算方式，供用电设施的维护责任等条款。”《电力法》第二十七条规定：“电力供应与使用双方应当根据平等自愿、协商一致的原则,按照国务院制定的电力供应与使用办法签订供用电合同,确定双方的权利和义务。"《电力供应与使用条例》第三十三条规定:"供用电合同应当具备以下条款:(一)供电方式、供电质量和供电时间;(二)用电容量和用电地址、用电性质;(三)计量方式和电价、电费结算方式;(四)供用电设施维护责任的划分;(五)合同的有效期限;(六)违约责任;(七)双方共同认为应当约定的其他条款。"《浙江省电力条例》第五十四条规定:"电力设施的运行维护管理以及安全责任范围的分界点,依照法律、法规的规定确定;法律、法规没有规定的,按照供用电双方的约定确定。"从上述法律法规来看,责任的承担一是由法律法规来规定,二是在法律法规没有规定时由双方合同约定,因此,在标准中明确规定此类责任的承担,明显是不符上述两个条件的。另《供电营业规则》第五十一条规定:"在供电设施上发生事故引起的法律责任,按供电设施产权归属确定。产权归属于谁,谁就承担其拥有的供电设施上发生事故引起的法律责任。但产权所有者不承担受害者因违反安全或其他规章制度,擅自进入供电设施非安全区域内而发生事故引起的法律责任,以及在委托维护的供电设施上,因代理方维护不当所发生事故引起的法律责任。"该规定规定了产权所有者不承担责任的例外情形,故一概而论的说由电力用户承担责任是不符合法律规定的。

2. 地方标准方面

《社区服务综合体设置和管理规范》(DB3301/T 0431—2023)规定,"乡镇(街道)或社区(村)应配备专职工作人员牵头管理社区服务综合体运营","引入第三方机构准入管理:准入要求包括但不限于:(1)具有独立法人资格,主营业务应涵盖社区专业服务的内容,连续正常经营2年以上,近3年内未受到行政处罚;(2)组建具有社会工作服务经验的专业化运营团队,配备与服务功能和需求相适应的管理人员和专职人员,并取得岗位所需的资质;(3)建立相应的运营管理制度、服务标准、操作规范”均是不妥的。是否应配备专职工作人员应该是行政部门“三定”(定职能、定机构、定人员编制)方案说了算,标准不能说了算。

准入要求通过标准来规定也是错误的。《招标投标法》第二十六条规定:“投标人应当具备承担招标项目的能力;国家有关规定对投标人资格条件或者招标文件对投标人资格条件有规定的,投标人应当具备规定的资格条件。”《招标投标法实施条例》第三十二条规定:“招标人不得以不合理的条件限制、排斥潜在投标人或者投标人。招标人有下列行为之一的,属于以不合理条件限制、排斥潜在投标人或者投标人:(一)就同一招标项目向潜在投标人或者投标人提供有差别的项目信息;(二)设定的资格、技术、商务条件与招标项目的具体特点和实际需要不相适应或者与合同履行无关;(三)依法必须进行招标的项目以特定行政区域或者特定行业的业绩、奖项作为加分条件或者中标条件;(四)对潜在投标人或者投标人采取不同的资格审查或者评标标准;(五)限定或者指定特定的专利、商标、品牌、原产地或者供应商;(六)依法必须进行招标的项目非法限定潜在投标人或者投标人的所有制形式或者组织形式;(七)以其他不合理条件限制、排斥潜在投标人或者投标人。”

《政府采购法》第二十二条规定:“供应商参加政府采购活动应当具备下列条件:(一)具有独立承担民事责任的能力;(二)具有良好的商业信誉和健全的财务会计制度;(三)具有履行合同所必需的设备和专业技术能力;(四)有依法缴纳税收和社会保障资金的良好记录;(五)参加政府采购活动前三年内,在经营活动中没有重大违法记录;(六)法律、行政法规规定的其他条件。采购人可以根据采购项目的特殊要求,规定供应商的特定条件,但不得以不合理的条件对供应商实行差别待遇或者歧视待遇。”

《政府采购法实施条例》第二十条规定:“采购人或者采购代理

机构有下列情形之一的，属于以不合理的条件对供应商实行差别待遇或者歧视待遇：(一)就同一采购项目向供应商提供有差别的项目信息；(二)设定的资格、技术、商务条件与采购项目的具体特点和实际需要不相适应或者与合同履行无关；(三)采购需求中的技术、服务等要求指向特定供应商、特定产品；(四)以特定行政区域或者特定行业的业绩、奖项作为加分条件或者中标、成交条件；(五)对供应商采取不同的资格审查或者评审标准；(六)限定或者指定特定的专利、商标、品牌或者供应商；(七)非法限定供应商的所有制形式、组织形式或者所在地；(八)以其他不合理条件限制或者排斥潜在供应商。”

从以上法条不难看出，“连续正常经营2年以上”“近3年内未受到行政处罚”“岗位所需的资质”等是没有法律上的依据的，存在“以不合理的条件对供应商实行差别待遇或者歧视待遇”可能，且社区运行服务也不存在“采购项目的特殊要求”。

第五节　程　　序

一、标准

标准制定工作的基础性国家标准体系由《标准化工作导则》(GB/T 1)与《标准编写规则》(GB/T 20001)、《标准中特定内容的起草》(GB/T 20002)、《标准制定的特殊程序》(GB/T 20003)和《团体标准化》(GB/T 20004)共同构成。国家标准《国家标准制定程序的阶段划分及代码》(GB/T 16733—1997)明确了我国标准制定程序的阶段划分。该标准是以世界贸易组织关于标准制定阶段划分的标准为基础，参考ISO和IEC的《ISO/IEC导则　第1部分:技术工作程序》(1995 年版)提出的。

国家标准编制阶段一般包括预阶段、立项阶段、起草阶段、征求意见阶段、审查阶段、批准阶段、出版阶段、复审阶段、废止阶段九个阶段。

(一)预阶段

预阶段是标准计划项目建议的提出阶段,全国专业标准化技术委员会或部门收到新工作项目提案后,经过研究和论证,提出新工作项目建议,并上报国务院标准化主管部门(国家标准化管理委员会)。

(二)立项阶段

国务院标准化行政主管部门收到国家标准新工作项目建议后,对上报的项目建议统一汇总、审查、协调、确认,并下达项目计划。

(三)起草阶段

全国专业标准化技术委员会收到新工作项目计划后,落实计划,组织项目的实施,由标准起草工作组完成标准征求意见稿。

(四)征求意见阶段

标准起草工作组将标准征求意见稿发往有关单位征求意见,经过收集、整理回函意见,提出征求意见汇总处理表,完成标准送审稿。

(五)审查阶段

全国专业标准化技术委员会收到标准起草工作组完成的标准送审稿后,经过会审或函审,最终完成标准报批稿。

（六）批准阶段

国务院有关行政主管部门、国务院标准化行政主管部门对收到标准报批稿进行审核，对不符合报批要求的，退回有关起草单位进行完善，最终由国务院标准化行政主管部门批准发布或联合发布。

（七）出版阶段

国家标准出版机构对标准进行编辑出版，向社会提供标准出版物。

（八）复审阶段

国家标准实施后，根据科学技术的发展和经济建设的需要适时进行复审，复审周期一般不超过 5 年。复审后，对不需要修改的国家标准确认其继续有效，对需要作修改的国家标准可作为修订项目申报，列入国家标准修订计划。对已无存在必要的国家标准，由全国专业标准化技术委员会或国务院标准化行政主管部门提出该国家标准的废止建议。

（九）废止阶段

对无存在必要的国家标准，由国务院标准化行政主管部门予以废止。

二、法律

法律制定程序即立法程序，是为了规范立法活动，健全国家立法制度，提高立法质量，完善中国特色社会主义法律体系，发挥立法的引领和推动作用，保障和发展社会主义民主，全面推进依法治国，建设社会主义法治国家。全国人民代表大会立法程序是全国人民代表大会主席团可以向全国人民代表大会提出法律案，由全国人民代表大会会议审议。全国人民代表大会常务委员会立法程序是指委员长会议可以向常务委员会提出法律案，由常务委员会会议审议。根据《全国人民代表大会议事规则》的有关规定及我国的立法实践，我国最高权力机关及其常设机关立法的基本程序包括：法律案的提出、法律案的审议、法律案的表决、法律案的公布等。

(一)法律案的提出

全国人民代表大会常务委员会、国务院、中央军事委员会、国家监察委员会、最高人民法院、最高人民检察院、全国人民代表大会各专门委员会，可以向全国人民代表大会提出法律案，由主席团决定列入会议议程。一个代表团或者 30 名以上的代表联名，可以向全国人民代表大会提出法律案，由主席团决定是否列入会议议程，或者先交有关的专门委员会审议、提出是否列入会议议程的意见，再决定是否列入会议议程。

(二)法律案的审议

法律案的审议遵循以下四个步骤：

一是在常委会会议举行的 7 日前将法律草案发给常委会组成人员；二是在常委会全体会议上听取提案人作关于法律草案的说明，由提案人委托的人对制定该法律的必要性、可行性、立法的指导思想和基本原则以及法律草案的主要内容作出说明；三是常委会分组会议对法律草案进行审议；四是有关的专门委员会对法律草案进行审议，提出审议意见，然后由宪法和法律委员会根据各常委会组成人员、有关的专门委员会的审议意见和其他各方面的意见，对法律草案进行统一审议，向常委会提出审议意见的汇报或者审议结果的报告，并提出法律草案修改稿。

一般情况下，法律案应当实行三审通过，[①]实践中，制定法律一般三审通过，但考虑到特殊情况如存在特殊情况需要紧急立法时，则规定列入常委会会议议程的法律案，遇有紧急情形的，也可以经一次常委会会议审议即交付表决（《立法法》第三十三条）。

（三）法律案的表决

列入全国人大会议议程的法律案，由宪法和法律委员会根据各代表团和有关的专门委员会的审议意见，对法律案进行统一审议，向主席团提出审议结果报告和法律草案修改稿。法律修改稿经各代表团审议，由宪法和法律委员会根据各代表团的审议意见进行修改，提出法律草案建议表决稿，由主席团提请大会全体会议表决，由全体代表的过半数通过。

列入全国人大常委会会议议程的法律案，经宪法和法律委员会统一审议，提出法律草案修改稿，交常委会进行审议，由宪法和法律委员会根据常委会组成人员的审议意见进行修改，提出法律草案建议表决稿，由委员长会议提请常委会全体会议表决，由常委会全体组成人员的过半数通过。

（四）法律的公布

法律的公布是指立法机关或国家元首将已通过的法律以一定的形式予以公布，以便全社会遵照执行。法律的公布是法律生效的前提。法律通过后，凡是未经公布的，都不能产生法律效力。法律的公布必须由特定的机关或人员采取特定的方式进行。我国法律的公布权是由国家主席根据最高权力机关的决定行使的。

---

① 三审制度在2000年《立法法》中正式确认。

三、比较

标准与法律的制定程序存在相似性。一般情况下,法律草案的形成过程包括立项、建立起草组、开展起草工作、进行调查研究、形成草案框架和对主要问题的意见、起草条文、征求各方面意见、形成送审稿并对送审稿进行审查、由提案机关讨论决定,形成正式的法律案等环节。国家标准制定程序划分为预阶段、立项阶段、起草阶段、征求意见阶段、审查阶段、批准阶段、出版阶段、复审阶段和废止阶段共 9 个阶段,其他标准的管理基本上与国家标准相一致。与法律案的形成过程相比,不论是在立项还是在草案稿、征求意见稿等阶段都存在相似之处。法律是标准编制的依据,标准的灵活性和主动性成为落实法律的有效手段。事实上,我国的经济法、劳动法、环境法等法律已将标准作为促进法律实施的有效支撑。例如,《食品安全法》第三十三条规定:“食品生产经营应当符合食品安全标准,并符合下列要求:……(九)用水应当符合国家规定的生活饮用水卫生标准……”,《药品管理法》第二十八条规定:“药品应当符合国家药品标准……”。

(1)法律对标准有全过程影响。全过程影响主要指从标准的预阶段开始,到复审阶段和废止阶段,都受到法律的影响。在标准的预阶段就要考虑标准立项的必要性,研究怎样在遵守法律的前提下开展标准研制工作;在标准起草和征求意见阶段,要严格把握标准内容的合法性,保证标准条款在法律允许的情况下更好地体现法律的精神;标准要在程序上按照相关法律法规的要求意见,并且对征集回来的意见进行公平、公正的处理等。只有这样才能保证标准的正当性与合理性。

(2)标准为法律制定、修改提供依据。标准实施的目的是通过组织社会化大生产、进行科学管理、促进技术进步，为市场经济的调控提供技术支持，最终实现社会活动的最佳秩序。但是这种实施活动并非一帆风顺，在标准实施的过程中必定存在这样或那样的问题，有些问题是标准可以解决的，有些问题则不能依靠标准来解决，需要相关法律法规、政策来进行调节。因此，标准的实施，能够及时反映社会的发展对法律的需求，为法律的制定、修改或废止提供依据。

(3)标准是法律的补充。法律一般都带有一定的原则性，它不可能把社会中的每一种情况都规定划分详细，有些事情可以通过标准予以具体化。此外，法律总有一定的稳定性，不可能朝令夕改，标准可以较好地发挥其灵活性，能够满足社会发展过程中的急需。因此，标准可以成为法律规范的有益补充。一方面，标准能够根据社会的发展需要及时地制定出台；另一方面，标准能够将不宜在法律中规定的内容在标准中予以体现。

第三章　实施的比较

第一节　目　　标

一、标准

标准的实施是指将制定好的标准应用到实际生产、经营和管理中，以确保相关产品、服务、活动等符合规范要求，并达到预期目标。标准的实施是一个全过程的管理工作，包括培训教育、实践运用、效果评价、标准推广等环节，旨在确保标准得到有效的贯彻执行，并及时进行改进和完善。标准的实施有助于提高产品质量、服务水平，促进企业的可持续发展，推动社会的进步。

标准的实施目标在于规范和提高产品、服务、管理等方面的质量，确保其符合相应的要求和标准，促进行业发展，以满足用户需求和市场需求。《标准化法》第二十二条第一款规定："制定标准应当有利于科学合理利用资源，推广科学技术成果，增强产品的安全性、通用性、可替换性，提高经济效益、社会效益、生态效益，做到技术上先进、经济上合理。"标准的制定和实施可以促进技术创新、提高生产效率和产品质量、降低成本和风险。

二、法律

法律的实施，亦称法的实施，是相对于法律制定而言的，指宪法法律规范的要求通过执法、司法、守法、法律监督等各种形式在社会生活中得以运用、应用和实现的活动。实施法律的过程包括对法律实施方案的制定、法律宣传、法律解释、法律执行等环节，以确保法律得到全面落实和有效执行。

法律的实施是保障国家法制建设和社会稳定的重要环节，它对维护公平正义、保障人民权益、促进经济发展和社会进步具有重要的意义。实施法律是法治社会的基础，也是保障公民权利、维护社会稳定、促进经济发展和社会进步的必要手段。同时，法律实施需要有相应的机构和人员来负责执行和监督，以确保法律得到有效的执行和维护。

法律的实施目标在于维护社会秩序和公共利益，维护社会公正、促进社会发展，保障公民权利和自由，防止和惩治违法犯罪行为，维护国家安全和稳定，促进国家和社会的发展和进步。通过法律的实施，可以保障公民的权利和利益，提高人民的生活质量，增强国家的统治力和影响力，构建法治社会，实现国家和人民的共同发展。

三、比较

（一）标准与法律的实施目标存在一致性

（1）标准与法律的实施都是为了保障公众利益。标准的实施可以保障产品和服务的质量、安全等，从而让消费者获得更好的体验；而法律的实施则可以维护社会秩序和公共利益，从而更好地保护公民权利、履行公民的义务。例如，《生活饮用水卫生标准》(GB 5749—2022)就是为了保障公众健康安全而制定的生活饮用水卫生标准；而《民法典》则是为了保护民事主体的合法权益，调整民事关系，维护社会和经济秩序。

(2)标准与法律的实施都需要严格执行，以达到其预期的目标。虽然标准大部分是推荐性标准，但标准一旦被政府采信或进入双方的合同，都需要严格执行。标准化机构也可以对制定的标准进行监督管理，保证标准的有效执行；政府部门可以通过执法手段对法律进行强制执行，维护社会秩序和公共利益。例如，在美国，生产厂商必须符合美国食品药品监督管理局(Food and Drug Administration，FDA)制定的药品质量标准，否则无法销售其产品；我国也加强了对食品安全标准的监管，对未能达标的企业处以罚款或者责令停产、停业等。

(3)标准与法律都需要不断完善和更新。标准化机构会根据市场和技术发展情况不断修订和完善标准，以适应新的市场需求；而立法机关也会根据社会发展变化、法律实施效果等因素来修订和完善法律。

(二)标准与法律的实施目标有一定的区别

(1)目标不同。标准的实施目标是规范产品和服务质量，提高生产效率和消费者满意度，促进行业发展。标准有保障公共利益的因素，但更多时候追求的是“规范”。而法律的实施目标是维护社会秩序和公共利益，保障公民权利和义务，防止违法犯罪行为等，法律追求的是法律面前人人平等。例如，国家标准《包装玻璃容器 铅、镉、砷、锑溶出允许限量》(GB 19778—2005)就是规范了包装玻璃容器中铅、镉、砷、锑溶出量的允许极限，从而保障人身健康;而《刑法》中的“危害公共安全罪”则是在刑事领域为了维护社会秩序和公共安全,依法打击破坏社会安定的行为。

(2)强制力不同。标准虽然有一定的强制力,但其实施仅限于企业自愿遵守或者特定情形下的政府监督强制执行;而法律具有强制力,违反法律将会受到法律责任的追究。例如,国家标准《建筑施工机械与设备　钢筋加工机械　安全要求》(GB/T 38176—2019)规定了钢筋加工机械的重大危险清单、安全要求和/或安全措施、安全要求和/或安全措施的验证和使用信息,但是并不涉及对违反标准行为的处罚;相对应地,《建筑法》在第五章中明确了建筑施工企业在施工时必须遵守的建筑安全生产管理方面的法律规定,同时,在第七章中明确了违反规定的法律责任。这意味着建筑施工企业未严格按标准中规定的安全要求操作,可能有安全隐患,但未必需要承担法律责任。建筑施工企业违反《建筑法》规定,则可以处以罚款;情节严重的,责令停业整顿,降低资质等级或者吊销资质证书;构成犯罪的,依法追究刑事责任。

虽然标准和法律的实施目标存在差异,但它们都是促进社会进步的重要手段,共同构建起一个更加稳定、公正、繁荣的社会环境。

第二节　原　　则

一、标准

标准的实施主要包括以下原则。

(1)自愿性原则:标准的实施应该基于自愿,即企业和从业人员可以根据自身需要选择是否采用相关标准,一般来说,没有强制性执行。

(2)公正公平原则:标准的实施应该坚持公正公平的原则,充分考虑各方利益,且不偏袒某一特定群体或企业。

(3)透明度原则:标准的实施应该具有透明度,不仅要公开标准内容,还要公开标准制定的过程和参与者,以确保公众对标准的了解和信任。

(4)共识性原则:标准的实施应该遵循共识原则,积极吸纳各方意见和建议,形成广泛认可的标准。

(5)科学性原则:标准的实施应该体现科学性原则,符合技术和经济发展的趋势,能够推动行业发展和提升产品质量。

(6)综合性原则:标准的实施应该综合考虑经济、社会、环境等多方面因素,不仅要考虑产品质量和技术要求,还要考虑对环境和社会的影响等因素。

总之,标准的实施原则是为了保证标准制定和实施是公正、透明、共识、科学、综合地进行的,以便更好地推动企业发展、提升产品质量。

二、法律

法律的实施主要包括以下原则。

(1)强制性原则:法律规定的内容必须被有效执行,不得拖延、回避或者搪塞,相关部门必须采取强制措施,确保法律得到有效执行。法律实施的强制性原则是维护法律权威、保障社会稳定和公共利益的必要手段,它凸显了法律的约束力和规范力,有利于促进社会发展,增进人民福祉。

(2)合法性原则:所有的法律行为都必须符合国家法律规定,不得违背法律。

(3)平等原则:法律的实施应该坚持平等原则,对所有人都一视同仁,不得歧视任何一个群体或个人。

(4)公正原则:法律的实施应该遵循公正原则,采取公正、客观、中立的态度来处理案件,保障人民的合法权益。

(5)人性化原则:法律的实施应该充分考虑人的尊严和利益,在保障社会秩序和公共利益的前提下,尽可能地照顾被处罚者的感受和心理需求。

(6)司法公开原则:法律的实施应该坚持司法公开原则,如庭审过程应当公开,且公开审判结果,保障人民知情权。

(7)惩罚与教育并重原则:法律的实施既要有惩罚违法的行为,也要通过法律手段来启发违法者思考问题、改正错误,达到教育目的。

总之,法律的实施原则是为了保证法律的实施是合法、平等、公正、人性化、司法公开、惩罚与教育并重的,以便更好地维护社会秩序、保障公共利益和公民权益。

三、比较

(一)标准与法律的实施原则的相同之处

(1)公正、公平原则:标准和法律都应该基于公正、公平的原则来制定和实施,保障各方利益均衡。

(2)适用普遍性原则:标准和法律都具有普遍性适用原则,无论是谁、无论地位高低,在遵循法律规定、执行有关标准时,均在其约束下行事。

(3)公开原则:在标准或法律的制定、实施过程中,应当坚持公开原则,即有关信息应当充分公开透明。

(4)倡导安全可靠原则:标准和法律都应当倡导安全可靠原

则,确保产品、服务和社会秩序等领域的安全性和稳定性。

(5)强制性原则:法律具有全面的强制性,部分强制性标准以及企业自行承诺执行的标准具有相应的强制性,必须得到有效执行,并对违反规定的行为和行为人进行约束和惩罚。需要特别说明的是,标准并非都有强制性,许多推荐性标准不具有强制性。

总之,标准和法律都是社会规范的体现,它们在实施原则上存在一些共性,都以保障社会秩序、公共利益和公民权益为目标,具有重要的规范、指引和保障作用。

(二)标准与法律的实施原则的不同之处

标准的实施主要依靠市场监管和第三方认证等方式,其实践约束力相对较弱,所以标准实施突出了自愿性原则。这是因为标准主要是由专业组织或者政府部门等制定,旨在推动某一个行业或者领域的发展与改进,并非具有强制性的刚性规定。一般来说,各单位或个人可根据自身需求和特点进行标准的主动应用,而不是被强制执行。

法律实施突出了强制性原则。这是因为法律作为国家意志的体现和社会规范的最高形式,必须具有相应的强制性和刚性约束力才能得到有效执行,从而维护社会秩序、公共利益和公民权益。

第三节　特　　点

一、标准

标准的实施包括以下特点。

(1)统一性:标准是某一领域或者行业共同的规范,能够推动相关产品、服务和技术的统一性和互通性,从而提高整个行业的效率和质量。

(2)公正性:标准的制定需要各方参与,既有专家学者、企业代表,也有政府监管部门等,考虑了各方利益和意见,具有一定的公正性和权威性。

(3)自愿性:标准的制定和认证基于自愿原则,企业可以选择是否遵循标准进行生产和服务,而非强制执行。

(4)及时性:标准针对的是当前的技术和市场状况,随着行业和技术的发展,标准会不断更新和完善,保持及时性和前瞻性。

(5)推广性:标准制定机构和第三方认证机构会通过各种手段推广标准,促进企业应用标准,增加标准的影响力和普及度。

总之,标准的实施具有统一性、公正性、自愿性、及时性和推广性等特点,在推动技术创新、提高产品质量、促进行业发展等方面发挥着重要的作用。

二、法律

法律的实施包括以下特点。

(1)公正性:法律的制定和实施需要考虑社会公众的利益,充分保护公民的合法权益,体现了公正性和权威性。

(2)权威性:法律反映了国家意志和法治价值观,具有极高的权威性和稳定性,对于社会生活的每个方面都有着重要的规范作用。

(3)普适性:法律对所有公民和组织都适用,无论其地位、财富、职业、性别等条件如何,都必须遵守法律。

(4)保障性:法律的实施力求保障社会安全、防止犯罪和不法行为的发生,在维护社会秩序和稳定方面起到了至关重要的作用。

总之,法律的实施具有公正性、权威性、普适性和保障性等特点,它是国家治理和社会管理的基础,能够维护社会公平正义,促进经济发展和社会进步。

三、比较

(一)标准与法律的实施具有的相同特点

(1)强制性:标准和法律在不同程度上存在相应的强制力,需要被遵守和执行。

(2)公正性:标准和法律都需要考虑公众利益和各方面的利益,体现了公正性。

(3)权威性:标准和法律都反映了国家意志和社会共识,对于相关领域和行业都有着重要的规范作用。

(4)统一性:标准和法律都能够推动相关产品、服务和技术的统一性和互通性,从而提高整个行业的效率和质量。

(5)安全性:标准和法律的实施都能够保障社会安全、防止犯罪和不法行为的发生,在维护社会秩序和稳定方面起到至关重要的作用。

总之,标准和法律的实施特点在某些方面是相同的,这反映了标准和法律在推动社会发展和维护社会秩序方面的重要性。

(二)标准与法律的实施具有的不同特点

(1)适用范围不同:标准只适用于特定的产品、服务或技术领域;而法律则适用于整个社会管理和治理范畴。

(2)强制力程度不同:虽然部分标准也具有一定的强制力,但相对于法律来说,其强制力程度较低。

(3)处罚措施不同:产品或者服务不符合标准的处罚由《标准化法》等法律或者行政法规规定;而违反法律则可能面临刑事责任、民事赔偿等后果。

总之,标准和法律的实施特点在某些方面存在明显差异,在实践中需要根据具体情况进行区分运用。

第四节　主　　体

一、标准

标准的实施主体通常是企业、行业组织、标准化主管部门等企事业单位或专业机构,其目的是规范某个行业或产品的生产、使用、服务等方面的质量等。标准化主管部门通常会对制定的标准进行宣传推广,以便更多的人遵循相关标准。

二、法律

法律的实施主体是国家机关,如立法机关、国务院等,其目的是维护国家安全、社会稳定和公民权利。法律的制定需要经过严格的程序,如审议、表决、征求意见、公布等。一旦通过,法律就具有强制力,违反法律将会受到法律责任的追究。

三、比较

标准与法律的实施主体存在明显的差异。标准的实施主体通常是企业、行业组织、标准化主管部门等专业机构。广义的法律的实施主体是国家机关及其工作人员、社会团体和公民,包括守法、执法、司法、法律宣传、法律研究等;狭义的法律适用主体是司法机关,《宪法》第一百四十条规定"人民法院、人民检察院和公安机关办理刑事案件,应当分工负责,互相配合,互相制约,以保证准确有效地执行法律"。例如:《质量管理体系要求》(GB/T 19001—

2016)是由全国质量管理和质量保证标准化技术委员会提出并归口的,适用于企业组织实施质量管理体系,帮助其提高整体绩效;《产品质量法》是由全国人民代表大会常务委员会通过的,规定了生产者、销售者的产品质量责任,明确了各级人民政府和市场监督管理部门的产品质量工作职责。

总的来说,标准的实施工作主要由企业、行业组织和标准化主管部门承担,其目的是规范行业发展和提升产品质量;法律的实施工作主要由国家机关承担,其目的是维护国家安全、社会稳定和公民权利。

第五节　客　　体

一、标准

标准的实施客体是指需要遵守该标准的对象或范围,主要取决于标准目的和制定者意图。标准的实施客体包括以下几方面内容。

(1)产品和服务:许多标准都是针对特定的产品或服务制定的。例如,ISO 9001 质量管理体系标准适用于各种类型和规模的组织,但主要是针对生产和服务领域。

(2)行业和职业:一些标准是为了保证某个行业或职业的质量和安全而制定的。例如,医疗设备行业的 ISO 13485 标准旨在确保医疗设备符合医疗保健行业的质量和安全要求。

(3)过程和系统:许多标准关注的是组织的过程和管理系统,以确保其能够提供高质量的产品和服务并达到一定的标准。例如,信息安全管理体系标准 ISO 27001 关注的是信息安全管理过程和系统的要求。

(4)自由贸易和国际贸易:许多标准是为了促进自由贸易和国际贸易而制定的。例如,国际贸易中常用的《国际贸易术语解释通则》(International Rules for the Interpretation of Trade Terms, INCOTERMS)规定了买卖双方的责任和义务。

二、法律

法律的实施客体是多方面的,需要根据法律的目的和颁布层级进行综合考虑。法律的实施客体可以分为以下几个方面:

(1)公民:法律最基本的实施客体是公民。法律保护公民和个人的权益,规范其行为,并对其违法行为依法进行处理。

(2)组织和企业:法律适用于各种组织和企业,包括公司、政府机构、非营利组织等。针对不同类型的组织会有不同的法律规定,如公司法、劳动法等。

(3)国家和政府:作为社会管理制度的一部分,法律对国家和政府也有规定和约束。这些规定涉及了政府机构的组成、职能、权限等内容。

(4)社会公共事务:法律涉及社会公共事务,如环境保护、安全生产、文化遗产保护等。这些法规旨在保障公共利益,维持社会稳定。

三、比较

标准与法律的实施客体的相同点在于:

(1)二者都是针对人类社会中的具体对象或领域进行制定和实施,以达到规范、引导和保障的目的。

(2)二者都需要考虑公共利益。标准的实施需要考虑消费者利益、环境保护等公共利益,法律的实施也需要考虑社会公共利益和公民权益。

标准和法律的实施客体在范围和适用对象上存在区别。标准侧重对特定领域具体对象的规范,而法律则对全社会行为规范进行全面、系统的规定。标准的实施客体通常是针对产品、服务、过程等特定领域内的规范,旨在提高产品质量、服务水平、工作效率等方面的标准化程度,以引导企业或组织在生产、管理等方面更好地符合市场需求和社会期望。而法律的实施客体则是国家对于全社会行为的规范,其内容涵盖了从个人行为到企业经营等多个领域,如刑法、民法、劳动法等。法律的实施客体是所有公民和组织都需要遵守的行为规范,违反法律会引发法律责任。

第六节 构成要素

一、标准

标准的实施的构成要素包括以下几个方面。

(1)标准解读是标准实施的关键环节。标准解读需要对标准内容进行详细分析和理解,并结合实际情况进行具体应用。一些标准可能存在多种解释,因此,需要对标准进行深入研究和探讨,以确保正确地实施标准。

(2)标准推广是标准实施的重要手段之一。标准正式发布后,需要进行相关的宣传和推广工作,可以通过宣传、培训、咨询、试点示范等方式,向社会各界普及标准的知识和应用方法,促进标准在相关领域内的应用和实施。

(3)标准执行是标准实施的核心环节。标准执行需要建立完善的监督机制，确保标准得到有效地贯彻实施，并及时处理违反标准的行为。

(4)标准评估是标准实施的重要环节之一。通过对标准执行效果的评估和反馈，及时发现问题和不足，并进行改进和完善，以提高标准实施的质量和效果。

标准实施的这些构成要素，相互依存、相互作用，在实际应用中需要协调配合，以确保标准得到有效实施。

二、法律

法律的实施受到各种因素的影响，如国家制度、政治文化、司法体系等，因此，不同国家和地区的法律实施可能会有所不同，但一般都遵循相似的基本原则和程序。法律实施的构成要素主要包括以下几个方面，它们相互依存、相互作用，在实际应用中需要协调配合，以确保法律得到有效实施，维护社会公正和秩序：

(1)法律解释是法律实施的关键环节。法律解释需要对法律内容进行详细分析和理解，并结合实际情况进行具体应用。一些法律可能存在多种解释，因此，需要对法律进行深入研究和探讨，以确保正确地实施法律。

(2)法律宣传是法律实施的重要手段之一。通过各种渠道向社会各界普及法律的知识和应用方法，增强公民的法律意识和法治观念，促进法律的全面实施。

(3)法律执行是法律实施的核心环节。法律执行需要建立完善的司法和行政机制，确保法律得到有效的贯彻实施，并及时处理违反法律的行为。

(4)法律监督是法律实施的重要环节之一。通过对法律执行效果的监督和反馈，及时发现问题和不足，并进行改进和完善，以提高法律实施的质量和效果。

三、比较

标准和法律的实施都需要相应的推广和执行机制。标准的实施可以通过政策引导、奖励和行业自律等方式实现;法律的实施则需要依靠行政机关和司法机关来执行。标准和法律在实施过程需要建立起协调机制进行衔接和配合,以达到更好的实施效果。

标准与法律实施构成要素的差异主要体现在以下几个方面:

(1)实施流程不同。标准的实施流程相对简单,主要通过宣传、推广和培训等方式实现;而法律的实施流程相对复杂,需要执法机构对违法行为进行查处,并进行判决和执行。标准的实施流程主要包括宣传、推广和认证等环节,其中认证是对标准实施效果的检验和评价,而法律的实施则需要专门的机构和制度,如法院、检察院等,以确保法律的有效实施。

(2)覆盖面不同。标准的实施通常是针对某一特定领域或行业,如《质量管理体系标准》(ISO 9001)、《环境管理体系标准》(GB/T 24001)等;而法律的实施则通常覆盖面更广,涉及国家政治、经济、文化和社会等多个方面。

(3)实施机构不同。标准的实施由企业、行业组织或标准化主管部门完成;而法律的实施则由国家司法机关和行政机关等负责。

(4)规范性质不同。标准是自愿性的规范,用于指导和规范某个领域内的生产、管理、服务、检验等活动;而法律则是具有强制力的规范,必须得到全社会的遵守和执行。

(5)实施主体不同。标准通常由生产企业、服务机构或其他组织自主选择是否采用,并负责对标准进行修改和调整;而法律则由政府或其他相关部门负责监督和执法,保障法律的执行和效力。

（6）监督与处罚措施不同。标准的监督通常由第三方机构或者行业协会完成，一般不设违法措施；而法律的监督和处罚措施由政府或其他相关部门负责执行，违反法律规定的个人或组织将面临法律制裁。

（7）实施的目的和依据不同。标准的实施目的是提高产品、服务和管理的质量水平，推动产业升级和技术创新；而法律的实施目的是维护社会秩序和公共利益，保障人民权益。

总之，标准和法律的实施流程具有明显的差异。标准的实施相对简单、灵活，主要是自愿的，通过宣传、推广和认证等方式实现；而法律的实施则具有强制性，需要建立相应的机构和制度，以确保法律的有效实施。但它们在实践中的作用是相辅相成、互为依存的。

第七节　效　　率

一、标准

标准的实施效率是指在组织或企业内部推行和执行标准的过程中，所需的时间、成本和资源等方面的效率水平。标准作为一种规范性文件，旨在规范和优化业务流程，提高产品或服务的质量和可靠性，降低生产和运营成本，并增强组织在市场竞争中的优势。标准的实施效率是衡量标准实施成果的重要指标之一。

标准的实施效率与许多因素有关，一般来说，它取决于标准的复杂性、组织的规模和结构、员工的技能熟练程度以及培训和沟通的质量等。一个好的标准应该清晰、易于理解和实施，并且能够满足实际需求。如果标准设计得简洁明了，易于理解和实施，那么实施效率可能会比较高。相反,如果标准太过复杂并且难以理解,那么实施的效率可能就会降低。

此外,宣传标准和进行培训也非常重要,这可以帮助理解标准的目的和实施方法。同时,应该建立监督和反馈机制,以便及时跟踪标准的实施情况并进行改进。如果组织能够有效地实施标准,那么就可以充分发挥标准的规范和优化作用,并为未来的持续改进奠定基础。

二、法律

法律的实施效率是指法律条款在执法司法实践中被有效执行和履行的程度。正确贯彻实施法律是一个国家取得公平正义的关键因素之一,其影响着社会稳定、经济发展和人民生活等多个方面。

法律的实施效率受到以下多种因素的影响:

(1)法律本身的规范性和适应性。法律内容是否清晰明确、与社会实际是否相符合、是否能够准确地解释和执行,对于实施效率有着直接的影响。如果法律本身的清晰度和可执行性高,那么实施的效率可能会更高。

(2)监管机构和执法部门的能力和资源。监管机构和执法司法部门是否具备足够的资源和能力来有效地执行法律也是影响效率的重要因素。监管机构和执法部门的能力和资源包括资金、设备、技术以及从业人员的素质和数量等。

(3)司法制度的健全性。法官和检察官的专业知识、监督机制的完备性、权力分立等,都会影响司法判决的公正性和执行的可行性。

(4)社会合作度。如果社会公众对法律非常支持,积极配合执法部门执行法律,那么法律实施的效率可能会更高。

(5)惩罚力度。如果惩罚措施得力,能够有效地起到威慑作用,那么也可能提高实施效率。

(6)社会文化背景和价值观念。社会文化背景、价值观念以及公众对法律的认同程度也会影响法律的实施效率。不同的国家和地区的法律环境、文化背景以及历史传统等都不相同,这些都可能影响法律实施的效率。

要提高法律实施的效率,需要加强执法机构的培训和规范管理、完善司法审判程序和监督机制、优化法律的设计和修订过程、加强社会教育和宣传,提高公众对法律的认知度和接受程度。需要在整个社会上营造强烈的法治氛围,增加社会合作度,共同维护社会的稳定和安全。同时,还需要建立健全数据统计和分析体系,及时掌握实施效果,并不断优化和改进体系,以实现法律的公正、透明和高效实施。

三、比较

标准与法律的实施效率比较相同之处:实施效率的高低由成本和资源等要素决定,且受外界因素的影响。不同之处是,标准的实施一定程度由组织或企业内部决定,而法律则是执法司法的必然应用。

第八节　方　　法

一、标准

标准的实施方法是指组织或企业为了贯彻和执行标准而采取的具体措施。标准的实施手段可以帮助组织将标准转化为实际生产和服务流程中的操作规范,提高产品或服务的质量和可靠性,降低成本,并增强组织在市场竞争中的优势。

一般来说,标准的实施方法包括以下几个方面。

(1)制定实施计划。根据标准内容和组织的实际情况,制订详细的实施计划,明确实施目标、时间安排、责任人和工作进度等。同时还要制定监督和评估机制,及时发现和解决问题。

(2)开展培训和宣传。通过内部培训和宣传,向员工和管理层介绍标准的基本知识和应用技巧,加深他们对标准的认识和理解。

(3)确立操作规程。制定和更新操作规程,确保标准的要求被准确地转化为操作规范,并落实到每一个环节和岗位上。

(4)建立监督和反馈机制。建立相应的监督机制,通过定期审核和检查,确保标准的实施效果,并及时纠正问题。

(5)引入信息化手段。利用信息化技术,设计和开发相应的软件工具,帮助组织实现标准的快速部署、执行和评估,提高工作效率和管理水平。

标准的实施常用的四种方法。

(1)认证。认证是指通过第三方机构对符合特定标准要求的企业或产品进行审核确认,以达到统一、科学、规范和可信的目的。认证可以提高企业或产品的市场竞争力,也能够保障消费者的权益。

(2)评估。评估是指对标准实施情况的全面检查、分析和评价,以判断标准实施的效果,并根据评估结果采取必要措施,提高标准的执行效率和效果。

(3)示范。示范是指选择一些符合标准要求的企业或个人作为样板,用来向其他单位或个人展示标准的实施效果和优势,调动各方参与标准实施的积极性和热情。

(4)试点。试点是指在有限的范围内先行实践,以验证标准实施的可行性和有效性，同时不断总结经验，完善标准实施内容和方式，逐步推广到更广泛的范围。

综上所述，标准的实施方法主要包括认证、评估、示范和试点四种，它们各自具有独特的功能和作用，在标准实施过程中互相补充，共同推动标准的有效实施。通过以上方法，组织可以有效地贯彻和执行标准，不断提高自身的竞争力和市场份额。

二、法律

法律的实施方法是指国家和政府为确保法律得以正确贯彻、有效执行和全面履行而采取的一系列具体措施。这些措施和方法旨在促进社会公正、维护社会秩序、推动经济发展和服务人民群众。

一般而言，法律的实施方法包括以下几个方面。

(1)制定配套措施。制定补充性和辅助性的法律法规和规章制度，完善法律体系，确保法律条款的有效执行。①

(2)加强执法机构建设。加强司法和执法机构的建设，提高警察、检察官、法官等从业人员的专业素质和技能，确保司法公正，保障人民权益。

(3)健全监督机制。建立健全的监督机制和反馈机制，对违法犯罪行为进行及时发现和纠正，防止不法分子逍遥法外。

(4)加强宣传和教育。通过各种渠道和方式，加强法律理念和法律知识的宣传和普及，提高公民法律意识和法律素养。

(5)加强法治宣传和文化建设。建设法治文化，推动法治社会建设，培育和践行法治精神，确保法律的权威性和有效性。

---

① 参见齐陵等:《执法和实施标准的比较分析和研究——法律与标准生命周期的比较分析研究之二》，载《标准科学》2009 年第 7 期。

通过以上实施手段，国家和政府可以为法律的正确贯彻、有效执行和全面履行提供有力支持，维护社会稳定和公正，促进经济发展和人民幸福。

三、比较

（一）相同点

（1）目的相同：标准的实施方法和法律的实施方法都是为了确保规范得以正确贯彻执行，维护社会公正、促进社会发展、推动经济繁荣和服务人民群众。

（2）完善制度：两者都需要制定完善的配套措施和制度，都需要建立健全监督机制和反馈机制，及时发现和纠正问题，确保标准和法律的权威性和有效性。

（二）差异点

（1）对象不同：标准的实施方法主要面向企业组织和管理层，而法律的实施方法则主要面向个人和社会大众。

（2）内容不同：标准的实施方法主要包括内部培训、操作规程等内容，而法律的实施方法则更多涉及执法机构和司法机构的建设、宣传教育等内容。

（3）责任不同：标准的实施方法主要由企业的管理层来负责，而法律的实施方法则由国家机关负责。

（4）程度不同：标准的实施方法涉及范围相对较小，而法律的实施方法则涉及面更广，影响更深远。

综上所述，标准的实施方法和法律的实施方法在目的、完善制度等方面具有相似性，但在对象、内容、责任和程度等方面存在较大差异。

第九节　效　　力

一、标准

标准的私法效力，是指标准进入法律领域，对私法调整民事关系、规范民事行为产生的作用与影响。不同类型的标准进入私法领域的路径与效力存在差异。强制性标准以及被法律引用而获得强制性的推荐性标准，依据法律的规定进入私法领域，对法律调整民事关系、规范民事行为发挥作用。推荐性标准（除被法律引用外）、团体标准、企业标准，只能通过当事人的约定进入私法领域发挥作用。这种差别导致强制性标准与推荐性标准、团体标准、企业标准适用的私法领域不同：前者既可进入《民法典》中的合同领域，成为违约行为事实认定的依据，又可进入《民法典》中的侵权领域，成为侵权行为事实认定的依据；后者只能进入《民法典》中的合同领域，成为违约行为事实认定的依据，而不能进入《民法典》中的侵权领域，成为侵权行为事实认定的依据。因此，标准一定是依附于法律才能产生法律效力的，标准只是做出了技术的规定，本身不具有法律效力。

二、法律

法律效力是指法律所具有或者赋予的约束力。规范性法律文件与非规范性法律文件都有一定的约束力，要求人们按照法律文件规定的那样行为。法律效力有时还指某种行为或事实在法律上的效果，即能够获得肯定性法律后果。例如，一份依法成立的合同具有法律效力，能够获得法律的保护。显然，规范性法律文件以及合法的行为和事实的效力是规范性法律文件所赋予的。只要国家机关依据法定的职权和程序制定的规范性法律文件，就当然地具有一定的效力。

(1)对人的效力：①对中国公民的效力。中国公民在中国领域内一律适用中国法律。在中国领域外的中国公民，也应遵守中国法律并受中国法律保护。

②对外国人和无国籍人的适用问题，包括两种情况：一种是对在中国领域内的外国人和无国籍人的法律适用问题；另一种是对外国人和无国籍人在中国领域外的法律适用问题。外国人和无国籍人在中国领域内，除法律另有规定者外，适用中国法律。外国人在中国领域外对中国国家或者公民犯罪，而按照《刑法》规定的最低刑为3年以上有期徒刑的，可以适用中国刑法，但是按照犯罪地法律不受处罚的除外。

(2)对事的效力：指法律对什么样的行为有效力，适用于哪些事项。

(3)空间效力：指法律在哪些地域有效力，适用于哪些地区。一般来说，一国法律适用于该国主权范围所及的全部领域，包括领土、领水及其底土和领空，以及作为领土延伸的本国驻外使馆、在外船舶及航空器。

(4)时间效力：指法律何时生效、何时终止效力以及法律对其生效以前的事件和行为有无溯及力。

所谓生效时间包括：①自法律公布之日起生效；②由该法律规定具体生效时间；③规定法律公布后符合一定条件时生效。

所谓终止生效，即法律被废止，指法律效力的消灭。它一般分为明示的废止和默示的废止两类。明示的废止，即在新法或其他法律文件中明文规定废止旧法；默示的废止，即在适用法律中，新法与旧法冲突时，适用新法而使旧法事实上被废止。

所谓法律的溯及力,也称法律溯及既往的效力,是指法律对其生效以前的事件和行为是否适用。如果适用,就具有溯及力;如果不适用,就没有溯及力。法律一般以不溯及既往为原则。《立法法》第一百零四条规定:“法律、行政法规、地方性法规、自治条例和单行条例、规章不溯及既往,但为了更好地保护公民、法人和其他组织的权利和利益而作的特别规定除外。”《刑法》第十二条规定:“中华人民共和国成立以后本法施行以前的行为,如果当时的法律不认为是犯罪的,适用当时的法律;如果当时的法律认为是犯罪的,依照本法总则第四章第八节的规定应当追诉的,按照当时的法律追究刑事责任,但是如果本法不认为是犯罪或者处刑较轻的,适用本法。本法施行以前,依照当时的法律已经作出的生效判决,继续有效。”但在某些有关民事权利的法律中,法律有溯及力。《最高人民法院关于适用〈中华人民共和国民法典〉时间效力的若干规定》(法释〔2020〕15 号)明确了“溯及适用的具体规定”,如第六条规定:“《中华人民共和国民法总则》施行前,侵害英雄烈士等的姓名、肖像、名誉、荣誉,损害社会公共利益引起的民事纠纷案件,适用民法典第一百八十五条的规定。”第七条规定:“民法典施行前,当事人在债务履行期限届满前约定债务人不履行到期债务时抵押财产或者质押财产归债权人所有的,适用民法典第四百零一条和第四百二十八条的规定。”

三、比较

(1)标准与法律的层次有所不同:我国法律的效力存在多层次性。宪法具有最高法律效力;全国人大制定的法律的效力位居第一层次;全国人大常委会制定的法律的效力为第二层次;国务院制定的行政法规的法律效力层次为第三层次;地方性法规,包括一般性地方性法规和自治区的地方性法规、特别行政区的地方性法规等法律效力为第四层次。标准也有自己的效力层次,《标准化法》第二十一条规定:"推荐性国家标准、行业标准、地方标准、团体标准、企业标准的技术要求不得低于强制性国家标准的相关技术要求。国家鼓励社会团体、企业制定高于推荐性标准相关技术要求的团体标准、企业标准。"《浙江省标准化条例》第九条第二款规定:"地方标准、团体标准和企业标准的技术要求不得低于强制性标准;鼓励团体标准、企业标准的技术要求高于推荐性国家标准、行业标准和地方标准。"

(2)标准与法律的规范效力不同:法律的规范效力来自法律本身,而标准本身并不能直接产生规范效力,因此只能从标准之外寻找其规范效力的来源。法律赋予标准以规范效力,正是因为法律的规定,生产某一产品的企业才负有法律上执行标准的义务;也正是由于法律的规定,违反标准的企业才应承担不利的法律后果(法律责任)。依据《标准化法》等法律才能获得标准规范效力的认知,然而不同标准获得规范效力的方式和规范效力的强度并不相同。强制性标准获得规范效力的方式有《标准化法》第二条"强制性标准必须执行"和第二十五条"不符合强制性标准的产品、服务,不得生产、销售、进口或者提供"。推荐性标准获得规范效力的方式是企业"采用"了推荐性标准,《标准化法》第十八条规定:团体标准"由本团体成员约定采用或者按照本团体的规定供社会自愿采用。"《浙江省标准化条例》第二十七条第一款规定:"各级人民政府及有关主管部门可以根据实际需要,在产业政策制定、行政管理、政府采购、社会治理、检验检测、认证认可、招标投标等工作中,依法将地方标准、团体标准作为技术参考。"企业标准获得规范效力的方式,是企业"自定"了生产标准,依据法律的规定,企业就必须执行自定的标准。

从标准与法律的规范效力比较中，同样可以得出标准与法律在规范上的本质区别。法律的规范效力是法律自身所具有的，其来源于法律本身；而标准的规范效力并非标准自身所具有，其规范效力来源于外部，是法律赋予标准以规范效力。严格来说，标准的规范效力实际上是法律的规范效力，而不是标准自己的效力。因此，标准不属于更不等于法律规范。

四、违反的处理

（一）标准

《标准化法》第五章规定了法律责任，违反标准的处理包括以下几个方面。

（1）民事责任：生产、销售、进口产品或者提供服务不符合强制性标准，或者企业生产的产品、提供的服务不符合其公开标准的技术要求的，依法承担民事责任。

（2）刑事责任：生产、销售、进口产品或者提供服务不符合强制性标准的，依照《产品质量法》《进出口商品检验法》《消费者权益保护法》等法律、行政法规的规定查处，记入信用记录，并依照有关法律、行政法规的规定予以公示；构成犯罪的，依法追究刑事责任。

（3）公示：企业未依照本法规定公开其执行的标准的，由标准化行政主管部门责令限期改正；逾期不改正的，在标准信息公共服务平台上公示。

社会团体、企业制定的标准不符合本法第二十一条第一款、第二十二条第一款规定的，由标准化行政主管部门责令限期改正；逾期不改正的，由省级以上人民政府标准化行政主管部门废止相关标准，并在标准信息公共服务平台上公示。

社会团体、企业未依照本法规定对团体标准或者企业标准进行编号的,由标准化行政主管部门责令限期改正;逾期不改正的,由省级以上人民政府标准化行政主管部门撤销相关标准编号,并在标准信息公共服务平台上公示。

需要注意的是,不同国家和地区对违反标准的处理可能会有所不同,但这些手段的目的都是确保标准的有效实施,维护相关人的合法权益。

(二)法律

违反法律的处理包括以下几个方面。

(1)行政责任:指实施一般违法行为的单位或个人依照法律、法规的规定应当承担的法律责任。例如:《行政处罚法》规定的行政机关依法对违反行政管理秩序的公民、法人或者其他组织,以减损权益或者增加义务的方式予以惩戒的行政处罚,常见有没收违法所得、没收非法财物、罚款、暂扣许可证件、吊销许可证件、责令停产停业、限制从业、行政拘留等;《行政许可法》规定的撤销被许可人以欺骗、贿赂等不正当手段取得的行政许可;《行政强制法》规定的当事人逾期不履行金钱给付义务的行政决定的,行政机关可以依法加处罚款或者滞纳金。行政责任可分为惩罚性行政责任、强制性行政责任和补救性行政责任。惩罚性行政责任指罚款、责令停产停业、限制从业等;强制性行政责任指执行罚、强制划拨等;补救性行政责任指认错道歉、恢复名誉、消除影响等。

(2)民事责任:指民事主体违反了民事义务所承担的民事责任的具体措施。根据《民法典》相关规定,其承担方式主要划分为停止侵害,排除妨碍,消除危险,返还财产,恢复原状,修理、重作、更换,赔偿损失,支付违约金,消除影响、恢复名誉,赔礼道歉等责任形式,在适用时应当注意区分不同性质的违法行为,根据责任形式的不同适用范围,正确选择责任承担的形式;区分违法行为的不同情节,根据责任形式之间的内在逻辑,正确地合并适用责任形式。

(3)刑事责任:指犯罪人因实施犯罪行为应当承担的法律责任。根据《刑法》规定,一切危害国家主权、领土完整和安全,分裂国家、颠覆人民民主专政的政权和推翻社会主义制度,破坏社会秩序和经济秩序,侵犯国有财产或者劳动群众集体所有的财产,侵犯公民私人所有的财产,侵犯公民的人身权利、民主权利和其他权利,以及其他危害社会的行为,依照法律应当受刑罚处罚的,都是犯罪。其刑罚主要包括主刑和附加刑两大类。主刑只能独立适用,对同一个犯罪分子只能判一种主刑。主刑分为管制、拘役、有期徒刑、无期徒刑和死刑。而附加刑既可以独立适用也能附加适用,对同一个犯罪行为可判多个附加刑。附加刑分为罚金、剥夺政治权利、没收财产。第十三届全国人大常委会第二十四次会议通过的《刑法修正案(十一)》规定,确定了什么年龄开始负刑事责任的问题并明确了"已满十二周岁不满十四周岁的人,犯故意杀人、故意伤害罪,致人死亡或者以特别残忍手段致人重伤造成严重残疾,情节恶劣,经最高人民检察院核准追诉的,应当负刑事责任"。

行政责任、民事责任、刑事责任的侧重点、处罚种类和含义不同,行政责任重在处罚个人或者单位,依照法律对其财产和行为进行处罚。民事责任重在对民事主体违反民事法律规范的行为进行补偿性的处罚。而刑事责任重在对违反刑事法律规定的个人或单位进行惩罚性处罚,如剥夺人身自由甚至生命。

需要注意的是,不同国家和地区的违反法律的处理可能会有所不同,但这些手段的目的都是维护法律的权威和公正,保障人民群众的合法权益。

(三)比较

违反标准和法律的处理在以下方面具有一致性:

(1)公平竞争方面:标准和法律都是为了促进公平竞争环境的形成和维护。例如,在市场竞争方面,违反标准的处理主要目的是通过限制低劣产品的生产和销售来保障市场竞争的公平性,而违反法律的处理则是通过打击不正当竞争行为,确保市场秩序的正常运转。

(2)制度保障方面:违反标准和法律的处理所采取的程序、处罚措施都是基于相关法律法规,具有制度保障的性质。这种制度性保障为消费者和企业提供了一个公平、透明的市场环境,有利于消费者和企业的长期发展。

(3)互相补充方面:违反标准和法律的处理在某些情况下可以互相补充。例如,在消费者维权方面,当遇到一些不符合标准但没有违反法律的产品时,消费者可以在合法范围内寻找处理手段来维护自己的权益;而在一些法律无法解决的问题上,违反标准的处理手段也可以在保护消费者权益方面发挥重要的作用。

综上所述,虽然违反标准和法律的处理存在某些差异,但它们都是为了维护公共利益和促进社会发展而存在,并互相补充、互相配合,共同构建起一个健康、安全、公正的市场环境。

违反标准和法律的处理在目的、程序等方面存在以下几点区别。

(1)目的不同:违反标准的处理主要目的是确保标准的有效实施;而违反法律的处理主要目的是维护法律的权威和公正,保障人民群众的合法权益。

(2)程序不同:违反标准的处理主要依靠具体法律的规定进行;而违反法律的处理需要通过法院的立案、审理、判决等程序进行。

需要注意的是,违反标准和法律的处理虽然有所区别,但是它们都是为了保护社会公共利益和维护合法权益而存在的。在实践中，违反标准和法律的处理相互补充、相互配合，共同维护社会正常秩序和公平竞争的环境。

第十节　纠错和救济

一、纠错

（一）标准

为确保标准制度的实施，从党的十八大以来，党致力于中国特色社会主义制度的发展和完善，国家治理体系现代化取得明显进展。

（1）提高标准起草人员对标准编制说明的重视，调研充分。凡是与起草标准有关的标准都要调研。对已有类似的国家标准或行业标准的，应具体描述与已有标准的区别，避免标准之间的矛盾。区别主要细化部分、填补空白的部分及对已有标准技术部分的提高和完善部分。与已有标准相比变化不大的，应当取消立项，优先采用上级标准。

（2）标准起草人员应当负责标准的起草和修改。一稿到底的主要原因是防止标准意见反馈及采纳情况没有按时间节点修订。标准送审稿中应当有征求意见阶段的意见采纳情况，对不采纳情况应重点说明。标准报批稿中应当有审查会的概述及会后的修改情况。若报批不成功还应当继续修改，并将修改情况如实添加到编制说明中。

标准主要技术内容阐述一般选取标准的技术指标、质量要求、方法步骤、计算方法等方面，应科学、合理、自圆其说，经得起推敲。例如，在北京市地方标准《在用汽油车排气污染物排放限值及测量方法(遥感检测法)》(DB11/318—2022)中,针对结果判定的测量时间为什么选取“间隔在一个机动车检测周期的6个自然月内”,相应的具体的依据是什么。总之,标准的重要结论及做法要说清来源、依据。测试条件发生改变在测试方法标准中属于重大改变,应当在编制说明中编写相关技术论证一章,且最好由第三方出具公正的测试报告附在标准编制说明后。相关技术论证是在主要技术内容试验和分析的基础上,对重大改变和新方法的重点说明,目的是把影响产品质量的潜在危害最小化,预防事故,提高经济效益。

(二)法律

《最高人民法院关于加强和规范案件提级管辖和再审提审工作的指导意见》明确了案件提级管辖、再审提审的适用领域、具体情形、判断标准、操作程序、保障机制,配发了相关诉讼文书样式,对于加强审级监督体系建设、做深做实新时代能动司法具有重要意义,有利于促进诉源治理、统一法律适用、维护群众权益。

《最高人民法院关于加强和规范案件提级管辖和再审提审工作的指导意见》包括5个部分26个条文。第1条至第3条是一般规定,提出了总体工作要求,明确了提级管辖、再审提审的具体内涵、法律依据、适用类型。第4条至第14条是关于完善提级管辖机制的规定,包括提级管辖的6类情形、判断标准、报请程序、提级程序、文书内容、备案要求、审限计算等。第15条至第20条是关于规范民事、行政再审提审机制的规定,包括再审提审的一般要求、最高人民法院应当提审的6类特殊情形,并重点明确了高级人民法院报请再审提审的情形、形式、程序、审限等。第21条至第24条规定了提级管辖、再审提审的保障机制,明确了上级法院案件发现提级审理案件的8种渠道,并对激励考核机制、审判条线指导、裁判成果转化提出了具体要求。第25条至第26条为附则,明确了《最高人民法院关于加强和规范案件提级管辖和再审提审工作的指导意见》的解释权限、备案要求和施行时间。附件是为了配合《最高人民法院关于加强和规范案件提级管辖和再审提审工作的指导意见》施行而制定的22种诉讼文书样式。

《刑事诉讼法》第二百五十四条规定:"各级人民法院院长对本院已经发生法律效力的判决和裁定,如果发现在认定事实上或者在适用法律上确有错误,必须提交审判委员会处理。最高人民法院对各级人民法院已经发生法律效力的判决和裁定,上级人民法院对下级人民法院已经发生法律效力的判决和裁定,如果发现确有错误,有权提审或者指令下级人民法院再审。最高人民检察院对各级人民法院已经发生法律效力的判决和裁定,上级人民检察院对下级人民法院已经发生法律效力的判决和裁定,如果发现确有错误,有权按照审判监督程序向同级人民法院提出抗诉。人民检察院抗诉的案件,接受抗诉的人民法院应当组成合议庭重新审理,对于原判决事实不清楚或者证据不足的,可以指令下级人民法院再审。"

按照依法行政原则的要求,行政机关对于自己或者所属部门作出违反法律规定的行政行为,有权亦有职责加以纠正。行政机关自我纠错的价值在于减少或者避免行政争议的产生,尽早结束行政行为效力的不确定状态,维护行政法律关系的稳定,增强公众对行政机关的认同和信赖。行政机关可以采取的纠错方式主要包括撤销、补正、改变原行政行为、确认违法等。从严格依法行政的角度而言,所有有瑕疵的行政行为都可以通过撤销的方式予以纠正。但是从行政效率和效益的角度考虑,基于保护行政相对人的信赖利益和减少行政争议产生的考量,行政机关应当采取足够审慎的态度,如必须依照法律法规规定的程序作出相关行政行为、对行政相对人与行政机关的各自过错大小进行分析以及给予行政相对人权益的合理保障等。[①]

《行政处罚法》第七十五条规定:“行政机关应当建立健全对行政处罚的监督制度。县级以上人民政府应当定期组织开展行政执法评议、考核,加强对行政处罚的监督检查,规范和保障行政处罚的实施。行政机关实施行政处罚应当接受社会监督。公民、法人或者其他组织对行政机关实施行政处罚的行为,有权申诉或者检举;行政机关应当认真审查,发现有错误的,应当主动改正。”例如,阳城县人民法院受理的一起食品安全领域的行政处罚案件,原告系生产某类食品的生产商,被告某市场监督管理局在对经销商即第三人某超市以“销售不合格食品”作出罚款、没收违法所得处罚后,原告不服,诉至阳城县人民法院。诉讼中,阳城县人民法院查明,被告认定违法事实的主要证据是原告生产食品的质检不合格报告,而该份报告在原告提起本诉的同时,已向相关质检部门提出了怀疑,该部门经核定后作出了质检合格的回复。被告所作处罚决定依据的违法事实已然不存在。基于上述情况,承办法官和被告的负责人多次沟通、释明,希望被告作为行政机关,能够勇于担负纠错职责,展现行政机关有错必纠的法治形象,从而缓和与行政相对人的矛盾。最终,被告同意以自行撤销处罚决定的方式来纠正本次行政行为,原告提出了撤诉申请。案件回访中了解到,被告已作出撤销决定并送达。本起行政纠纷得以实质化解。[②]

---

① 参见最高人民法院行政审判庭编:《最高人民法院行政审判庭法官会议纪要》(第1辑),人民法院出版社2022年版,第146页。

② 参见《助推行政机关“自我纠正”实质化解行政争议》,载微信公众号“阳城法院”2022年11月24日,https://mp.weixin.qq.com/s?__biz=MzIxMTgzNTAyOQ==&mid=2247513778&idx=3&sn=3f1a26bcb29b625724dfd8050d7c78c2&chksm=974db748a03a3e5ed304d-72230a77065ade07c99eaa03df10737989798197fc475739638c47c&scene=27.

(三)比较

标准的纠错是完善自身的方式,更多是技术层面的内容;法律的纠错则具有促进诉源治理、统一法律适用、维护群众权益的重要意义。标准与法律的纠错都依托于严谨、完善的制度和程序。

二、救济

(一)标准

标准本身没有救济的概念,但有复审的要求。《标准化法》第二十九条第二款规定:“国务院标准化行政主管部门和国务院有关行政主管部门、设区的市级以上地方人民政府标准化行政主管部门应当建立标准实施信息反馈和评估机制,根据反馈和评估情况对其制定的标准进行复审。标准的复审周期一般不超过五年。经过复审,对不适应经济社会发展需要和技术进步的应当及时修订或者废止。”标准复审在一定程度上可保证标准的先进性、适用性。

(二)法律

法律救济是指公民、法人或者其他组织认为自己的人身权、财产权因行政机关的行政行为或者其他单位和个人的行为而受到侵害,依照法律规定向有权受理的国家机关告诉并要求解决,予以补救,有关国家机关受理并作出具有法律效力的活动。当代社会是法治社会,公民救济权力,是公民权利保障的重要环节。当自身权利受到侵犯时,应当积极运用法律武器维护自身利益。

法律救济主要包括行政救济、司法救济和仲裁救济。

行政救济是指行政机关作为救济主体为权利人提供的法律救济方式。从现代法制的发展来看,行政救济是近现代社会行政管理对象的复杂化而需要贯彻司法程序的公正性所致。行政管理对象的复杂性不仅指纠纷数量多,而且指纠纷在性质上的专业性和技术性越来越强。如果把这类纠纷直接诉诸法院会产生两大问题:一是增添“讼累”,二是不利于简便、及时、有效地解决纠纷。

司法救济又称为司法机关的救济或者诉讼救济,指的是法院在权利人权利受到侵害而依法提起诉讼后依其职权按照一定的程序对权利人的权利进行补救。

仲裁救济是指根据当事人之间的合意即仲裁契约,把基于一定的法律关系而发生或将来可能发生的纠纷的处理,委托给法院以外的第三方进行裁决。一般来说,大型企业对于它们之间或它们与公共权力机关的争议,只有当不能自行解决时,才将其提交法院系统。所涉及的经济利益越大,经过仲裁解决的可能性也就越大。与诉讼相比,仲裁的功能特点在于程序简便、结案较快、费用低廉、不具备行政特色、能独立公正和迅速地解决争议,给予当事人充分的自治权。

(三)比较

法律的救济手段是偏强制性的补救,是为了维护公民的利益与安全,而标准则是修改补充类别,为了更严谨地规范,创造更好的自然价值为公民服务。前者强制性较强,属于法律的范围内,是对法律的补充约束;而标准则是建议修改,是出错后的完善。救济手段是法律和标准不可或缺的一部分,是后备力、补充力,补充了法律及标准未能涉及的庞大社会体系缺口。

第四章　监督管理的比较

第一节　目　　标

一、概念

根据 WTO/TBT 协议的定义，标准是“由公认机构批准的，非强制性的，为了通用或反复使用的目的，为产品或相关加工和生产方法提供规则、指南或特性的文件。标准也可以包括或专门规定用于产品、加工或生产方法的术语、符号、包装标志或标签要求。”标准的监督管理所指向的是“县级以上人民政府标准化行政主管部门、有关行政主管部门依据法定职责，对标准的制定进行指导和监督，对标准的实施进行监督检查”（《标准化法》第三十二条）。此外，个人和单位也可以作为标准监督管理的主体。

与标准监督管理的定义相比，法律监督管理的概念则更为复杂，有广义、狭义两种区分。广义的法律监督管理指向的是“一切国家机关、政治或社会组织和公民对法的全部运作过程的合法性所进行的监察和督导。”[①]其所牵涉的主体则更加全面，包括机关、组织及公民等比较完备的概念。狭义的法律监督管理指向的是“有关国家机关依法定职权和程序对立法、执法、司法等法制运作过程的合法性进行的监察和督导”。相较于广义的法律监督管理，狭义的法律监督管理主要落足在机关这一主体上。

二、一致性

1. 本质上的一致

标准监督管理的目的与法律监督管理的目的在本质上具有一致性，这也是标准（法律）实施的重要目的的表现。

标准（法律）监督管理的目的的本质落脚点在于“实施”，其最终所指向的都是标准（法律）的实施内容。

《标准化法》中的第三条第一款规定：“标准化工作的任务是制定标准、组织实施标准以及对标准的制定、实施进行监督。”对标准进行监督管理作为标准化管理的重要手段，一方面，有利于及时发现和纠正与标准不相符的内容，进一步促进相关人员坚持正确执行标准，维护好相关标准的严肃性；另一方面，对标准进行监督管理的目的是促进标准的贯彻与执行，其本质是为了促进标准的实施与发展。《食品安全国家标准　婴儿配方食品》（GB 10765—2021）中对婴儿配方食品中的蛋白质、脂肪和碳水化合物指标、维生素指标、矿物质指标、可选择成分指标等进行了明确的规定，以婴幼儿配方食品中的可选择指标中的牛磺酸指标为例，每100kJ所含的牛磺酸应在0.8～4.0mg，婴幼儿作为特殊群体，其生命健康在国家健康事业中占据突出地位，在这种情况下对标准进行监督

① 张文显主编：《法理学》，高等教育出版社、北京大学出版社1999年版，第314页。

管理,无疑可以在一定程度上促进该标准得到严格的贯彻与实施,有利于提高《食品安全国家标准　婴儿配方食品》(GB 10765—2021)的权威性,促进标准监督管理的闭环过程的实现。此外,基于经济效益方面,一方面,可以实现对于消费者的权益的保障,巩固《食品安全国家标准　婴儿配方食品》(GB 10765—2021)的实施成果;另一方面,在全社会范围内形成标准引导下的健康经济氛围,有利于《食品安全国家标准　婴儿配方食品》(GB 10765—2021)长远经济效益的实现。

法律监督管理作为国家实现其职能的重要手段之一,对健全国家法制具有十分重要的作用。法律监督管理是民主政治的必要内容与重要组成部分,是树立法制权威、维护法制尊严的基本措施,也是保证法律真正实施的重要条件。以四川省 2021 年"王某贩卖、制造毒品案"为例,二审的检察机关通过补充侦查,夯实了王某等人贩卖毒品案的证据体系,促进了完整的证据链的出现,在一定程度上实现了对于漏罪漏犯等的进一步追诉,确保二审检察职能得到全面发挥。既做到了维护法律的权威,也维护了法律公平正义,促进了国家法制的健全与完善。在当代中国,法律监督管理工作不仅需要行政机关的监督管理,也需要社会团体及公民的监督管理。对法律进行监督管理不仅需要持续深化法治"共同体"意识的深入运用,也需要进一步落实习近平法治思想,从讲政治与讲法治有机融合的思想、工作方法上去把握法律监督管理工作,为推进更高水平的平安中国、法治中国建设提供强有力的法治保障。

2. 对象上的一致

标准与法律监督管理的目的在对象上具有一致性。

就标准监督管理而言,在监督管理过程中可以及时检查标准实施的效果,同时对实施效果进行汇总分析,在这种情况下得出一定的修正建议,以便随时地进行积极监督和引导,不断修正和优化标准,可以为提高标准质量和水平提供基础,也为进一步修订或制定标准提供依据。例如,通过对标准实施效果的汇总分析,《畜禽肉水分限量》(GB 18394—2020)将猪肉的水分限量指标从已废止的《畜禽肉水分限量》(GB 18394—2001)规定的小于等于77%改至小于等于76g/100g,还修改了试验方法中的直接干燥法,提高了标准的科学性和适用性。

法律监督管理是维护公民合法权益的重要保证,是预防、制止和纠正错误的有效措施。一方面,法律监督管理保证了执法机关及其工作人员能够依法办事,另一方面,法律监督管理也保证了执法机关和执法人员的有效考核,在国家法制建设进程中发挥着至关重要的作用。以民事诉讼为例,基于民事活动中的私法自治原则,公权力基本上不予介入,目前仍然由当事人自行提起民事诉讼,但审判机关的审判活动及其审判结果受到检察机关的监督管理。在这个监督管理的过程中,实现对错误的预防与修正。

标准及法律监督管理的目的都指向了标准(法律)的实施的效果这一对象,这也是两者最终目的的重要体现。

3. 过程上的同一性

标准监督管理的目的与法律监督管理的目的在过程上具有同一性。

标准监督管理工作是法律法规的要求。《标准化法》第三条第一款规定:“标准化工作的任务是制定标准、组织实施标准以及对标准的制定、实施进行监督。”标准监督管理作为标准化工作的重点任务之一,发挥着关键性的作用。《标准化法》第三十二条规定:“县级以上人民政府标准化行政主管部门、有关行政主管部门依据法定职责,对标准的制定进行指导和监督,对标准的实施进行监督检查。”一方面,针对标准的实施情况的监督管理,在法律上是有依据的,而非随意产出的结果。因此,标准实施的监督管理工作是作为法律赋予的职责存在的。另一方面，标准监督管理也辅助法律监督管理，在标准上所具体展开的内容可以在一定范围内还原法律监督管理的重要内容，使其更加完整。在一定程度上，标准监督管理相对于法律监督管理发挥着补充说明的作用。

《中共中央关于全面推进依法治国若干重大问题的决定》明确指出了"深入推进依法行政，加快建设法治政府"是全面推进依法治国的重大任务之一。法律监督管理的内容作为我国法制建设之路上重要的一段内容，具有十分重要的地位。《国务院关于促进市场公平竞争维护市场正常秩序的若干意见》(国发〔2014〕20号)在"基本原则"的"依法监管"要求中提出"更好发挥政府作用，坚持运用法治思维和法治方式履行市场监管职能，加强事中、事后监管，推进市场监管制度化、规范化、程序化，建设法治化市场环境"。为更好地促进法治市场的建设，法律监督管理被提到了重要地位，甚至分为了事前、事中及事后三方面的内容。在这种情况下，开展标准监督管理工作是符合依法治国要求的。

第二节　主　　体

一、广泛性

标准(法律)监督管理的主体在分类上具有一定广泛性，在分类的角度上，标准(法律)的监督管理皆同时涵盖了群体概念与个体概念。

根据《标准化法》及《标准化法实施条例》的相关规定，国家标准实施监督管理的主体主要包括：国务院标准化行政主管部门和国务院有关行政主管部门，省、自治区、直辖市标准化行政主管部门和省、自治区、直辖市人民政府有关行政主管部门，市、县标准化行政主管部门和有关行政主管部门，以及县级以上人民政府标准化行政主管部门根据需要设置检验机构或者授权其他单位的检验机构。对于行业主管部门，《标准化法》第五条的规定："国务院标准化行政主管部门统一管理全国标准化工作。国务院有关行政主管部门分工管理本部门、本行业的标准化工作。县级以上地方人民政府标准化行政主管部门统一管理本行政区域内的标准化工作。县级以上地方人民政府有关行政主管部门分工管理本行政区域内本部门、本行业的标准化工作。"第三十五条第一款规定："任何单位或者个人有权向标准化行政主管部门、有关行政主管部门举报、投诉违反本法规定的行为。"因此，开展标准监督管理的主体是标准化行政主管部门、有关行政主管部门、单位、个人。标准监督管理工作可以采取日常监督管理、出厂检验、第三方检验等方式。通过开展标准监督管理可以提升产品质量、规范产品生产、节省经营成本和社会交易成本，最终受益的是企业自身。同时，加强标准实施的社会监督管理是标准监督管理发展的必然趋势，社会监督管理的主体主要包括社会团体（行业协会）、社会舆论和消费者等。

相对于标准监督管理的主体，法律实施监督管理主体包括国家权力机关（各级人民代表大会及其常务委员会）、国家司法机关（检察院和法院）、社会组织及公民。以 2020 年浙江省杭州市余杭区检察院诉国内某知名短视频公司侵犯儿童个人信息民事公益诉讼案为例。该案发生在《民法典》实施及《未成年人保护法》修订后，是检察机关针对"未成年人网络保护"提起的民事公益诉讼全国第一案。最高人民检察院第九检察厅厅长史卫忠指出："此案的办理，是检察机关积极稳妥开展未成年人网络保护民事公益诉讼的重要探索，为民法典和修订后未成年人保护法的实施及强化未成年人网络保护打下了良好的基础，也有助于促进互联网行业源头性治理并形成长效机制。”检察机关作为该案法律监督管理的主体,依法对该案进行监督管理。在本案的判定基础上,检察机关持续发力,依法通过行政和民事公益诉讼、社会治理检察建议等方式开展法律的监督管理工作,进一步促进与推动网络运营商、互联网企业以及监管部门落实未成年人保护责任,保护未成年人的安全健康。此外,我国公民享有监督权,公民作为法律监督管理的主体之一,具有重要地位。

在主体概念的具体分解中,标准(法律)监督管理的主体在保持类别一致的同时,也具有一定的广泛性,既包括群体性的概念,如相应的行政机关、社会组织等,也包括个体的概念,如消费者或公民。

二、差异性

标准监督管理的主体与法律监督管理的主体在定位上存在一定的差异性。

以标准(法律)监督管理的主体中的个体概念为例。在标准监督管理的主体中,这一个体概念的定位是“消费者”。消费者一般是指为了生活消费需要购买、使用商品或者接受服务的单位或个人。消费者对标准的监督管理工作一般是对出厂后的产品或者在所从事的直接影响人民生活及社会公共利益的活动中是否符合标准要求所进行的监督。在这种情况下,针对发现的各种违反标准的现象,消费者可以利用社会舆论、新闻报道、投诉、举报等多种形式进行公开揭露和批评,实现消费者对标准监督管理。

在法律监督管理的主体中,这一个体概念体现为“公民”。依据《宪法》第三十三条第一款的规定,“凡具有中华人民共和国国籍的人都是中华人民共和国公民”,即公民所指向的是具有中华人民共和国国籍这一唯一条件。公民对于法律的监督管理作为我国法律监督管理体系的重要组成部分,具有关键性的作用。公民的法律监督管理包括以下形式:一是信访,即指公民用书信、电子邮件、电话、走访等形式,向各级党委、人民政府、县级以上人民政府所属部门反映情况,提出意见、建议和要求的监督方式,公民通过来信来访向各级党委和政府提出要求、建议、批评和揭发、控告、申诉,是宪法规定的民主权利,也是公民参与管理和监督国家各项工作、监督国家工作人员的一种方式。二是舆论监督,即公民通过新闻媒介表达和传导有一定倾向的议论、意见及看法,是对法律实施进行评价与监督的重要方式,《宪法》第四十一条中有关批评建议权的规定是实施舆论监督的重要根据之一。

在此基础上生发的标准监督管理与法律监督管理工作表现出基于定位的不同而产生的不同的表现形式。

第三节 客　　体

一、同一性

标准监督管理的客体与法律监督管理的客体存在着同一性的特点。

针对国家标准实施方法,标准实施监督管理的客体可以包括以下四个方面的内容:强制性国家标准是标准实施监督管理的重点;推荐性国家标准采用作为组织生产或交货依据的,也属于标准实施监督管理客体;推荐性国家标准,只要被指定为认证认可用标准的,也属于监督管理客体;企事业单位在研制新产品和进行技术改造活动中所采用的国家标准,也属于监督管理客体。与标准的监督管理客体相对应的是法律监督管理客体的内容。法律实施监督管理的客体是指所有社会主体包括国家机关社会团体和组织以及公民个人贯彻和执行法律的活动,其监督管理的核心所唯一指向的是法律的实施状况。

标准监督管理与法律监督管理的核心是实施状况,表现在相应的客体方面,显示出同一性的特点。

以《杭州市食品安全技术标准实施现状调查报告》为例。食品安全技术标准作为特殊的一类食品标准,是指“以在一定的范围内获得最佳食品安全秩序、促进最佳社会效益为目的,以科学、技术和经验的综合成果为基础,经各有关方协商一致并经公认机构批准,对食品的安全性能规定共同的和重复使用的规则、导则或特性的文件”①。该定义中所突出的标准实施的作用无疑是监督管理环节的核心部分。通过对标准实施情况进行监督管理,有利于进一步促进食品生产,推动食品国际贸易,进一步保障消费者的健康,提高产品安全水平,同时食品安全技术标准实施中反馈的情况可以为食品安全技术标准的制定与修订提供编制的素材。杭州娃哈哈集团有限公司在食品安全方面,坚持实施标准化生产(见表4－1),同时坚持对实施情况进行监督管理,助推标准实施目的的实现。与标准的监督管理相对应的是法律的监督管理工作,以浙江省杭州市余杭区检察院诉国内某知名短视频公司侵犯儿童个人信息民事公益诉讼案为例。在杭州互联网法院出具调解书之前,检察机关就该民事公益诉讼案提出了“停止侵权、赔礼道歉、消除影响、赔偿损失”等诉求,某知名短视频公司均无异议,并针对现存的一些问题进行了全面的整改。在该案中,主要是针对法律实施

---

① 中国计量学院、杭州市质量技术监督局:《杭州市食品安全技术标准实施现状调查报告》,2007年6月,第1页。

的行为进行监督管理,与检察机关这一主体相对应的客体是组织对法律进行贯彻的这一行为。标准(法律)监督管理的侧重点都在于实施这一行为。

表4－1　杭州娃哈哈集团有限公司已实施标准化生产的产品种类和标准级别

产品种类	标准级别
娃哈哈饮用纯净水	国家标准
娃哈哈营养八宝粥罐头	行业标准
娃哈哈冰红茶	行业标准
娃哈哈橙汁饮料	企业标准
娃哈哈 AD 钙奶饮料	企业标准
娃哈哈营养快线果汁牛奶饮品	企业标准
娃哈哈营养湿面	企业标准
娃哈哈非常可乐	企业标准

二、差异性

标准监督管理的客体与法律监督管理的客体在其侧重点上存在差异性。

标准监督管理的客体的重点在于强制性国家标准。强制性国家标准所指向的是"强制性国家标准应当有明确的标准实施监督管理部门、并能够依据法律、行政法规、部门规章的规定对违反强制性国家标准的行为予以处理"(标准化法),具有一定意义上的法律属性。《强制性国家标准管理办法》第四十三条至第四十五条中多处就强制性国家标准的监督管理作出了规定。例如,《强制性国家标准管理办法》第四十三条规定:"组织起草部门应当收集强制性国家标准实施效果和存在问题,及时研究处理,并对实施情况进行跟踪评估。强制性国家标准的实施监督管理部门与组织起草部门为不同部门的,监督管理部门应当将行政检查、行政处罚以及其他有关信息及时反馈组织起草部门。”该条规定根据强制性国家标准的内容,由相关行政部门进行监督管理,同时针对标准监督管理过程中出现的问题实现及时处理与改进。《强制性国家标准管理办法》第四十四条规定:“强制性国家标准实施后,组织起草部门应当定期组织对强制性国家标准实施情况进行统计分析,形成实施情况统计分析报告并送国务院标准化行政主管部门。强制性国家标准实施情况统计分析报告应当包括强制性国家标准实施情况总体评估以及具体实施效果、存在的问题、改进建议等。”该条重点规定针对国家强制性标准在实施过程中产生的结果进行汇总分析,从而更加科学地实现强制性国家标准的改进与修正。《强制性国家标准管理办法》第四十五条第一款规定:“组织起草部门应当根据反馈和评估情况,对强制性国家标准进行复审,提出继续有效、修订或者废止的结论,并送国务院标准化行政主管部门。”该条规定强制性国家标准实施情况的监督管理过程中所产生的一些修改建议需要经过国务院标准化行政主管部门进行审核并进行一定的改进与完善。

法律监督管理的客体即法律监督的对象,主要包括进行各种法律活动的所有国家机关和武装力量、各政党和社会团体、各企业事业单位、全体公民。其中最重要的是对一切国家机关及其工作人员贯彻(或执行)的监督管理工作。以公民自发的、个体性的对法律的监督管理为例。《宪法》第二十七条第二款明确规定:“一切国家机关和国家工作人员必须依靠人民的支持,经常保持同人民的密切联系,倾听人民的意见和建议,接受人民的监督,努力为人民服务。”公民针对法律的监督管理作为法律监督管理客体的一部分,占据着十分重要的地位。此外,针对法律的监督监察、行政机关与社会组织也发挥着重要的作用。在此基础上,由公民、行政机关及社会组织三者架构出的一个具体的客体概念也在不断影响着法律的监督管理过程。

法律监督管理的广泛性指向的是一切针对国家机关及国家工作人员的监督,其来源既包括群体性的概念,如行政机关及社会组织,也包括个体性概念,如公民等。而标准的监督管理客体的重点则集中在强制性国家标准上。标准的监督管理客体的重点是作为单纯的客体的内容出现的,而法律监督管理的客体与主体之间存在联系的紧密性。

第四节 内　　容

一、同一性

标准监督管理与法律监督管理的内容具有同一性。标准(法律)监督管理的核心具有同一性,都落实到标准(法律)实施的行为上。

标准监督管理的内容主要包括三方面的内容,即合规性评价、规范性评价和符合性评价。具体而言,标准监督管理的内容包括:服务过程和各项管理工作对已实施的有关标准要求的符合性情况以及标准本身的合规和规范情况;环境保护、安全、职业健康标准实施情况;企业行为是否符合有关标准化法律、法规、强制性标准的要求。标准监督管理的重点是对标准实施的行为进行监督。而法律监督管理的内容所指向的是与监督管理客体行为的合法性有关的所有问题,重点也指向了法律的实施。

此外,在对比分析过程中,标准监督管理与法律监督管理在内容的先进性与合理性、编写的规范性两个方面要保持一致。一方面，内容是否具有先进性、合理性是标准（法律）监督管理的重要部分。以团体标准为例。团体标准内容的先进性、合理性体现在以下两方面：一是团体标准是否做到技术上先进、经济上合理。二是团体标准的标准化对象是否属于国家最新版《产业结构调整指导目录》中的淘汰类别；属于淘汰类别的，判定团体标准不具有先进性、合理性。法律监督管理的内容同样追求法律条文内容的先进性与合理性。另一方面，内容编写是否规范严谨也是标准（法律）监督管理的重要组成部分。就团体标准编写的规范性而言，一是团体标准中引用的规范性文件是否现行有效。二是按照《标准化工作导则　第 1 部分：标准化文件的结构和起草规则》（GB/T 1.1—2020）等标准编写的规则，对标准要素的文字表述方式、标准的框架结构、整体的编写逻辑、语言表达等进行逐条检查。法律监督管理的内容编写的规范性则主要体现在两个方面：一是应符合《立法法》的相关规定，如《立法法》第七条第二款所提及的“法律规范应当明确、具体，具有针对性和可执行性”；二是在用词上，规范性法律文本应做到准确具体、简洁质朴、严谨规范，同时具有较强的概括性与包容性。

二、差异性

从性质上看，标准（法律）监督管理所涉及的范围的侧重点不同。标准的监督管理不仅涉及标准相关法律的内容，也与相关强制性标准有重要联系；而法律的监督管理则侧重于法律实施的合法性审查。

以《限制商品过度包装要求　食品和化妆品》（GB 23350—2021）为例。该标准对月饼包装层数、包装空隙率、包装成本及混装要求作出了明确要求。某超市销售混装月饼违反限制商品过度包装强制性国家标准案中,某超市违反了《固体废物污染环境防治法》第六十八条第二款“生产经营者应当遵守限制商品过度包装的强制性标准,避免过度包装。县级以上地方人民政府市场监督管理部门和有关部门应当按照各自职责,加强对过度包装的监督管理”的规定,也不符合《限制商品过度包装要求　食品和化妆品》(GB 23350—2021)中“4.4　混装要求　月饼不应与其他产品混装,粽子不应与超过其价格的产品混装”的规定,在满足合法性审查的同时也参考了强制性国家标准的规定。针对法律监督管理的内容,以上海检察机关办理的全国首例数据合规典型案例为例。上海市普陀区检察院对上海 Z 网络科技有限公司启动合规治理,从数据合规管理、数据风险识别、评估与处理、数据合规运行与保障等方面提出整改建议,并商请第三方管委会抽取网信办、网络安全企业、专业协会人员组成第三方组织,全程监督、评估合规整改。同时检察机关进行不定期回访,确认了上海 Z 网络科技有限公司积极开展企业合规,建立健全了数据合规长效机制,实现了稳步发展。该案是法律监督管理主体针对案件涉及的非法获取计算机信息系统数据罪进行监督管理的结果,仅针对实施行为中的合法性进行了审查。

此外,除去合法性审查的异同,标准(法律)监督管理的内容在符合性以及编号的特殊性上也有区别。以团体标准监督管理的内容为例。团体标准必须符合国家法律法规、强制性标准和相关政策文件的要求,所有标准的内容和技术指标不应低于法律法规、强制性标准的要求,如饮料中的添加剂含量不能高于国家强制性标准的要求。但在“上位法优于下位法”的原则指导下,可能存在下位法的原则指标不合理的情况,从而出现低于其他相关法律法规要求的内容。

第五节 依 据

一、同一性

标准监督管理的依据与法律监督管理的依据具有同一性的特点。

标准监督管理的依据是《标准化法》《标准化法实施条例》等相关法律法规和政策文件。法律监督管理的依据是《宪法》《各级人民代表大会常务委员会监督法》等相关的法律。标准监督管理与法律监督管理的依据存在一定的重合。

二、差异性

标准监督管理与法律监督管理的依据具有一定的差异性。

标准监督管理所指向的依据主要是相应的法律法规及政策性文件。以团体标准的监督管理为例。开展团体标准监督管理应采用但不限于以下评价依据:《标准化法》;《团体标准管理规定》(国标委联〔2019〕1 号);《市场监管总局办公厅关于印发团体标准、企业标准随机抽查工作指引的通知》(市监标创函〔2019〕1104 号);《标准化工作导则 第 1 部分:标准化文件的结构和起草规则》(GB/T 1.1—2020);团体标准所属行业相关的法律法规、强制性标准和产业政策要求;团体标准所属团体的标准管理程序文件、标准编制说明;各地市场监管部门制定的“双随机、一公开”监管工作推进方案等。其所涉及的依据不仅包括法律层面规范化的内容,也包括相应的工作方案等内容,存在一定的变化。

法律监督管理的依据更为严谨与规范,不包含具有极大不稳定性的特定时期的工作文件,其主要指向的是《宪法》等内容。与标准的监督管理依据相比,法律监督管理的依据主要集中在法律层面,而未牵涉到存在不稳定性的政策性文件的内容。就《刑法》的立案监督而言,其所涉及的依据主要是《刑事诉讼法》中第一百一十三条所提到的内容,即“人民检察院认为公安机关对应当立案侦查的案件而不立案侦查的,或者被害人认为公安机关对应当立案侦查的案件而不立案侦查,向人民检察院提出的,人民检察院应当要求公安机关说明不立案的理由。人民检察院认为公安机关不立案理由不能成立的,应当通知公安机关立案,公安机关接到通知后应当立案”。就民事诉讼而言,正如《民事诉讼法》第十四条所规定的“人民检察院有权对民事诉讼实行法律监督”。依据所言,无论是刑法的立案监督还是民事诉讼,抑或其他法律相关内容,都在一定程度上体现出法律监督管理依据的规范性与严厉程度。

第六节　规　　则

一、同一性

标准监督管理的规则与法律监督管理的规则具有同一性的特点。

标准监督管理的规则所指向的是标准监督管理内容的合规性评价、规范性评价和符合性评价。合规性评价的内容主要包括标准是否符合有关法律法规的要求,标准技术要求是否低于强制性国家标准的规定,标准是否做到技术上先进、经济上合理三个方面。规范性评价主要包括以下三个方面的内容:(1)标准的编写是否参照《标准化工作导则　第1部分:标准化文件的结构和起草规则》(GB/T 1.1—2020)、《标准化工作指南　第1部分:标准化和相关活动的通用术语》(GB/T 20000.1—2014)的相关规定执行。(2)标准编号和名称是否符合相关的编号规则和要求,是否与全国标准信息公共服务平台中的对应信息一致。全国标准信息公共服务平台上没有的,通知相关单位按要求提供相关证明材料(标准发布文本、发布文件或发布公告),检查该标准编号、名称等是否与证明材料的信息一致。(3)标准的规范性引用文件中是否有作废文件或已被代替文件,重点检查是否引用了已经作废的强制性标准。符合性评价主要包括以下三个方面的内容:一是企业执行自行制定的企业标准的,检查是否公开了产品、服务的功能指标和产品的性能指标。二是对自我声明公开执行标准的,重点检查该标准是否适用于企业生产的产品,是否与产品标签上所明示的执行标准一致。产品标准的试验方法应科学、合理和完整,具有可操作性;不应与现有的通用试验方法矛盾。如果标准列有多种试验方法,应指明解决怀疑或争端的仲裁方法。三是标准应当有利于科学合理利用资源,推广科学技术成果,增强产品的安全性、通用性、可替换性,提高经济效益、社会效益和生态效益。

法律监督管理的规则包括实体规则与程序规则两部分。法律监督管理的实体规则是指规定所有监督管理主体的监督管理权力与权利以及监督管理客体相应的责任与义务的法律规则。法律监督管理的程序规则是指规定主体从事监督管理行为的顺序、方式和手续的规则。法律监督管理规则的具体内容包括:立法部门的监督管理、行政执法部门的监督管理和司法机关的监督管理,具有较强的明确性和计划性,通过合理的监督管理程序实现对法律实施状况的有效监督管理。此外,来自公民的监督管理也是法律监督管理的重要内容之一。

标准监督管理的规则与法律监督管理的规则所指向的是同一个核心——规则是否符合统一的规范性要求，即规则是否符合相应的共识。这一共识表现在标准上则逐渐向标准化审查过渡，表现在法律上则落实到合法性监察。在此基础上，标准监督管理的规则与法律监督管理的规则呈现出同一性的特点，联系也较为密切。

二、差异性

标准监督管理的规则与法律监督管理的规则在具体规则上存在一定的差异性。

一方面，标准监督管理的规则重点在于对客体的审查，具体的展开方式也是如此，如强制性国家标准中的生产许可证审查、产品质量监督管理中抽查 3C 认证、标准化审查、自愿性认证认可、“采标”验收和国家级标准化良好行为企业验收等内容，主要涉及的是标准的内容的审查，其所处的角度在一定程度上影响了标准的监督管理工作。

另一方面，与标准监督管理的规则所处角度不同，法律监督管理的规则主要是从行政机关、公民的角度出发来开展法律监督管理的规则。以首个适用侵害英雄烈士名誉、荣誉罪罪名的案件为例。“江苏省南京检察机关依法以涉嫌侵害英雄烈士名誉、荣誉罪，对‘辣笔小球’微博博主仇子明批准逮捕，2021 年 4 月 26 日，南京市建邺区检察院依法对仇子明提起公诉，并提起刑事附带民事公益诉讼。仇子明自愿认罪认罚，检察机关依法提出确定刑量刑建议。5 月 31 日，法院开庭审理后，采纳了检察机关的公诉意见和量刑建议，以侵害英雄烈士名誉、荣誉罪当庭判处被告人仇子明有期徒刑八个月，并责令其自判决生效之日起十日内通过国内主要门户网站及全国性媒体公开赔礼道歉，消除影响。”[①]该侵害英雄烈士名誉、荣誉罪罪名的案件中，行政机关充分利用了法律所赋予的监督管理的权力进行监督管理工作。

① 《检察日报——2021 年度十大法律监督案例》，2022 年 1 月 22 日。

第五章　标准与法律的融合

第一节　意　　义

一、融合发展的趋势

（一）标准与法律交叉发展历史源远流长

无论是从旧石器时代无意识的标准化，还是从秦朝有文字记载的标准化算起，标准化都具有悠久的历史、深厚的底蕴。法律的历史也可追溯到夏、商时期。在早期，标准和法律是交叉的，如宋代李诫的《营造法式》是北宋官方颁布的一部建筑设计、施工的规范书，包括建筑的各种设计标准、规范和有关材料、施工定额、指标等内容，是王安石执政期间制定各种财政、经济条例的依据，标准与法律交叉融合，形成严格的工料限定，从而有效地杜绝了土木工程中的贪污盗窃现象。

（二）标准与法律都顺应政治经济社会的脉络发展

标准和法律都是推进国家治理体系和治理能力现代化的重要部分。2021年，中共中央、国务院印发的《国家标准化发展纲要》明确了标准在新时代的地位、作用，“标准是经济活动和社会发展的技术支撑，是国家基础性制度的重要方面。标准化在推进国家治理体系和治理能力现代化中发挥着基础性、引领性作用”。2019 年党的十九届四中全会审议通过的《中共中央关于坚持和完善中国特色社会主义制度　推进国家治理体系和治理能力现代化若干重大问题的决定》提出“建立以企业为主体、市场为导向、产学研深度融合的技术创新体系，支持大中小企业和各类主体融通创新，创新促进科技成果转化机制，积极发展新动能，强化标准引领，提升产业基础能力和产业链现代化水平”，“推动规则、规制、管理、标准等制度型开放”。“法律是治国之重器，良法是善治之前提”，2014 年党的十八届四中全会审议通过的《中共中央关于全面推进依法治国若干重大问题的决定》明确“依法治国，是坚持和发展中国特色社会主义的本质要求和重要保障，是实现国家治理体系和治理能力现代化的必然要求”。

标准的制定和实施，有利于产品纵向可兼容、横向易替换，生产端节约研发资源，上下游产业链协调生产；消费端方便购买和替换。同时，标准的地位作用已经远远超出了规范产品、服务本身，不仅有利于保障产品品质、提高生产效率、增加企业经济效益、促进行业发展，甚至成为国际贸易的影响因素，构成一国在国际市场上的竞争力。标准因其难以被世界贸易组织界定或限制，已经被越来越多的国家用来作为本国对外贸易的保护性措施。

(三) 标准与法律都逐渐规范化

我国的第一部标准化法规是在 1962 年 11 月 10 日，国务院全体会议第一百二十次会议通过的《工农业产品和工程建设技术标准管理办法》。该办法共 6 章 27 条，主要对工农业产品和工程建设的质量、规格及其检验方法等方面所作出技术规定，是从事生产、建设工作的一种共同技术依据,并规定了标准的强制性。

《标准化法》于1988年颁布,2017年修订,分为总则、标准的制定、标准的实施、监督管理、法律责任、附则6章45条。该法将必须执行的标准限定在强制性国家标准。强制性国家标准限定在"对保障人身健康和生命财产安全、国家安全、生态环境安全以及满足经济社会管理基本需要的技术要求"。

(四)标准与法律都逐步形成更加科学、更加完善、更加成熟的体系

现阶段,我国标准分为国家标准、行业标准、地方标准和团体标准、企业标准。国家标准分为强制性标准、推荐性标准,行业标准、地方标准是推荐性标准。国家标准、行业标准、地方标准是政府主导制定的标准,团体标准、企业标准是市场自主制定的标准。

1997年,党的十五大确立了"依法治国,建设社会主义法治国家"的基本方略,明确提出"到二零一零年形成有中国特色社会主义法律体系"。1999年,"依法治国,建设社会主义法治国家"写进《宪法》。2011年3月10日,吴邦国委员长在十一届全国人大四次会议第二次全体会议上宣布:中国特色社会主义法律体系已经形成。

二、融合发展的影响

(一)积极影响

1. 标准对法律的技术支撑和必要补充作用

标准是标准化机构制定的技术规范,其对法律具有重要的支撑作用。这种支撑作用主要表现在三个层面:一是在作用的机制上,标准具有延伸法律调整社会关系的作用,解决了法律无法直接回答的"如何为"的问题;二是在作用的广度上,标准对法律所起的

作用是全领域的，在绝大多数的法律领域里均可以发现标准的存在；三是在作用的力度上，法律对标准形成了依赖关系，在许多法律领域里，法律离开标准将难以发挥作用。

标准对法律的支撑作用表明，在全面依法治国、建设社会主义法治国家的进程中，应当高度重视标准的作用，将标准纳入法治的视野，统揽标准和法律两个方面，充分发挥标准在法治中的作用。法律一般都带有一定的原则性，它不可能把社会中每一种情况都规定得十分详细，有些事情可以通过标准予以具体化。此外，法律有一定的稳定性，而标准则可以较好地发挥其灵活性，能够满足社会发展过程中的急需。因此，标准可成为法律规范的有益补充。

例如，《餐饮业反食品浪费管理通则》（GB/T 42966—2023）规定了餐饮业反食品浪费管理的基本要求，包括餐饮业反食品浪费管理策划、餐饮服务场所、原辅料、烹饪加工、餐品提供、餐品改进、配送、网络餐饮服务平台、未销售的剩余食品处置、员工培训、文化建设、评价改进、文件记录。《餐饮业反食品浪费管理通则》（GB/T 42966—2023）中“13　员工培训”与《反食品浪费法》第七条第一款“餐饮服务经营者应当采取下列措施，防止食品浪费：（一）建立健全食品采购、储存、加工管理制度，加强服务人员职业培训，将珍惜粮食、反对浪费纳入培训内容”的规定相对应，细化了法律的要求。《餐饮业反食品浪费管理通则》（GB/T 42966—2023）作为落实《反食品浪费法》中制止餐饮浪费内容的重要支撑，与《反食品浪费法》一同构成餐饮业反食品浪费法规体系中不可缺少的部分。

2. 法律制约标准

法律对标准有约束的影响，如《标准化法》规定，“强制性标准必须执行”，“不符合强制性标准的产品、服务，不得生产、销售、进口或者提供”。违反强制性标准就是违法，要受到法律制裁。强制性标准的强制作用是由法律赋予的。除了强制性标准以外的标准是推荐性标准,也就是说,推荐性标准是非强制性标准,国家鼓励采用推荐性标准。推荐性标准是指生产、交换、使用等方面,通过经济手段调节而自愿采用的一类标准,又称自愿性标准。推荐性标准任何单位都有权决定是否采用,违反这类标准,不承担经济和法律方面的责任。但推荐性标准一经采用,或各方面商定纳入商品、经济合同之中,就成为各方共同遵守的技术依据,具有法律上的约束力,各方必须严格遵照执行。

《标准化法》第十条第一款规定,对保障人身健康和生命财产安全、国家安全、生态环境安全以及满足经济社会管理基本需要的技术要求,应当制定强制性国家标准。按照现行的国务院机构设置,国务院标准化行政主管部门为国家市场监督管理总局。《标准化法》还规定:对满足基础通用、与强制性国家标准配套、对各有关行业起引领作用等需要的技术要求,可以制定推荐性国家标准;对没有推荐性国家标准、需要在全国某个行业范围内统一的技术要求,可以制定行业标准。

3. 法律赋予标准强制效力

采用标准化的语言重述法律的原则和规范,将法律的原则和具体规范转换为标准的内容,最为典型的是有关社会责任的标准。总部设在美国的社会责任国际组织(Social Accountability International,SAI)制定的社会责任标准 SA 8000,"目的是提供一个基于联合国人权宣言、国际劳工组织公约,国际人权规范和国家劳动法律的规定、可审计的自愿性标准"①。该标准体系从童工、强迫或强制性劳动、健康与安全、自由结社及集体谈判权、歧视、惩罚措施、工作时间、薪酬八个方面对组织(企业)提出了要求,这些要

① 《SA8000》(第4版)SAI(Social Accountability International,社会责任国际组织),2014年发布。

求充分反映了国际劳工公约、《世界人权宣言》等有关劳工保护法律(国际法)的原则和规定。

总体而言,标准与法律的融合在实施方面有许多积极的影响,主要包括以下几个方面:

(1)互相促进:标准与法律是相互促进的关系。标准能够规范行业、企业和产品,提高其质量和竞争力,同时也为法律的制定提供了基础;而法律则强制执行标准,保障公共利益和消费者权益。二者相辅相成,互相促进,共同推动社会发展。

(2)降低成本:标准与法律的融合可以降低企业和个人遵守标准和法律的成本。标准可以提前预测市场需求,指导产业布局和技术研发,减少重复投入和无效竞争;而法律的制定和强制执行可以减少市场乱象和不正当竞争,降低维权成本。

(3)提高产品质量:标准与法律的融合可以提高产品质量和安全性。标准可以明确产品质量和安全性要求,引导企业进行技术创新和质量提升;而法律的强制执行可以保证产品符合标准要求,减少不合格产品的流通。

(4)增强国际竞争力:标准与法律的融合可以增强国家的国际竞争力。通过制定符合国际标准的标准和法律,可以提高我国企业的质量、安全和环保水平,进而参与国际市场竞争,提升国际话语权和竞争力。

综上所述,标准与法律的融合在实施方面具有许多积极影响,可以提高社会效率、降低成本、保障公共利益以及增强国际竞争力。

(二)消极影响

标准融合法律可能会存在标准框定不够明晰,出现定义混乱的问题。法律融合标准可能会出现逻辑混乱、法制不统一的问题。标准与法律的融合往往会出现分工不明确、不各司其职、互相影响对方地位和管辖内容的风险。标准与法律的融合在实施方面可能存在以下消极影响：

(1)增加企业成本：标准与法律的融合需要企业进行额外的投资，包括人力、财力和物力等。这些投资会增加企业的成本，可能对企业的盈利能力造成影响。

(2)难以达成共识：标准与法律的融合需要各方达成共识，并制定出相应的标准和法规。但是，各方利益不同、认知水平不同，往往难以达成共识，导致标准与法律的制定和实施受到影响。

(3)增加政府监管难度：标准与法律的融合可能增加政府监管的难度和复杂度，需要政府付出更多的精力和资源来进行管理和监督。

(4)降低市场竞争力：标准与法律的融合可能会对企业的产品设计、研发和生产等环节造成影响，使得企业的市场竞争力下降。

(5)不利于技术创新：标准与法律的融合可能会限制技术创新的空间，使得一些新兴技术的发展受到限制。

总之，标准与法律的融合需要时间来逐渐完善，在实施方面存在的消极影响，需要在实践中解决。

第二节　方　　式

一、法律引进标准

法律援引标准在国家治理现代化进程中是一种十分普遍的法律现象，是指标准通过法律援引进入法治体系，与法律规范融为一体，获得了法律效力的支撑，又称为“标准与法律的融合”“标准入法”。标准与法律融合的现象频现于环境保护、食品安全、劳动、药品安全、建筑、交通运输等法律领域。法律引进标准所涉的领域十分广泛，民法、刑法、消费者权益保护、安全生产、环境保护、劳动保护、医药卫生、工程建筑、交通运输、农林牧等诸多领域的法律，都有关于标准的规定。法律引进标准的方式大体可分为两种情形：

一是法律一般性地规定了标准或某一类标准，如《核安全法》第八条规定，“国家坚持从高从严建立核安全标准体系。国务院有关部门按照职责分工制定核安全标准。核安全标准是强制执行的标准。核安全标准应当根据经济社会发展和科技进步适时修改”。

二是法律不仅规定了而且指明了具体的标准，如《土壤污染防治法》第十二条第一款规定，“国务院生态环境主管部门根据土壤污染状况、公众健康风险、生态风险和科学技术水平，并按照土地用途，制定国家土壤污染风险管控标准，加强土壤污染防治标准体系建设”。我国现有土壤污染风险管控标准包括：《土壤环境质量　农用地土壤污染风险管控标准（试行）》（GB 15618—2018）、《土壤环境质量　建设用地土壤污染风险管控标准（试行）》（GB 36600—2018）。

二、标准吸收法律

如果说法律引进标准是“我中有你”，那么标准吸收法律就是“你中有我”。标准吸收法律主要存在于环境保护、劳动保护以及社会责任等标准化领域。标准吸收法律的方式有两种：

一是表明标准以法律为依据而制定，彰显了标准的法律依据和法律精神，如《危险废物贮存污染控制标准》（GB 18597—2023）规定了危险废物贮存污染控制的总体要求、贮存设施选址和污染控制要求、容器和包装物污染控制要求、贮存过程污染控制要求，以及污染物排放、环境监测、环境应急、实施与监督等环境管理要求,贯彻了《环境保护法》《固体废物污染环境防治法》等法律的精神。

二是将法律的原则和具体规范转换为标准的内容,用标准化的语言重述了法律的原则和规范,如《餐饮业反食品浪费管理通则》(GB/T 42966—2023)中“5. 2 餐饮服务提供者:a)应对消费者进行反食品浪费提示,就餐场所应张贴、摆放或通过信息化设备显示反食品浪费宣传信息…… c)应在菜单或者点餐系统上体现反食品浪费提示”与《反食品浪费法》第七条第一款“餐饮服务经营者应当采取下列措施,防止食品浪费:……(二)主动对消费者进行防止食品浪费提示提醒,在醒目位置张贴或者摆放反食品浪费标识,或者由服务人员提示说明,引导消费者按需适量点餐”的规定相对应。

三、法律强制执行标准

在标准与法律融合的特定领域,政府可以将标准制定为法律的强制标准进行执行,以明确相关行业和企业的法律责任,保障公众利益。例如,《药品管理法》第二十八条第一款、第二款明确规定“药品应当符合国家药品标准……国务院药品监督管理部门颁布的《中华人民共和国药典》和药品标准为国家药品标准”。在这种情况下,标准成为法律的一部分,具有强制性。

四、标准作为法律依据

标准作为法律依据主要体现在以下两方面。

一是在制定法律时,标准可以成为制定法律过程中的重要参考依据,为立法者提供技术支持和指导,保证法律规范与实际需求相符。例如,2020 年 11 月 30 日,浙江省地方标准《城镇生活垃圾分类工作指南》(DB33/T 2284—2020)发布;2020年12月24日,浙江省第十三届人民代表大会常务委员会第二十六次会议通过《浙江省生活垃圾管理条例》。《浙江省生活垃圾管理条例》第十五条第一款规定:"新建、改建、扩建住宅小区、公共建筑、公共场所等建设项目,应当按照国家、省有关标准,配套建设生活垃圾分类投放、分类收集设施,与主体工程同步设计、同步建设、同步投入使用。"第三十八条规定:"生活垃圾处理单位应当遵守下列规定:(一)保持生活垃圾处理设施、设备正常运行,按照国家、省有关标准分类接收和处理生活垃圾;(二)按照技术规范、操作规程和污染控制标准处理生活垃圾,及时处理产生的废水、废气、废渣……"虽然标准不具备法律效力,但是在制定法律时可以为其提供指导或建议。

二是标准可以作为法律实施的重要依据,使得法律更加具备科学性、针对性和可执行性。例如,《食品安全法》第四十条第二款规定:"食品生产经营者应当按照食品安全国家标准使用食品添加剂。"我国现行的食品添加剂国家标准有:《食品添加剂　乙二胺四乙酸铁钠》(GB 22557—2008)、《食品添加剂　单、双硬脂酸甘油酯》(GB 1986—2007)等10项。

五、标准与法律相辅相成

标准与法律在某些方面存在差异,但彼此之间可以相互补充,形成一个完整的法律体系,以满足公众需求。标准通常更加细致和具体,而法律涉及面更广。例如,欧盟化学品注册、评估、许可和限制的法规是对化学品管理的具体规范,而化学品测试方法、环境标准等则由各个国家的标准化组织负责制定和发布,二者相辅相成,共同推进了相关领域的法律实施。

综上所述,标准与法律之间存在多种融合方式。在实际运用中,需要根据具体情况选择合适的方式,以确保法律与标准的有效实施,推动经济社会的可持续发展。

第三节 影响因素

一、政策因素

2021 年 10 月,中共中央、国务院印发《国家标准化发展纲要》,并要求各地区各部门结合实际认真贯彻落实。《国家标准化发展纲要》对未来若干年我国标准化建设应完成的目标作出指示。《国家标准化发展纲要》提出,到 2025 年达到全域标准化深度发展,标准化水平大幅提升,标准化开放程度显著增强,标准化发展基础更加牢固的目标。到 2035 年,标准体系更加健全,标准化管理体制更加完善,进而全面形成标准化工作格局。

为更好发挥法治固根本、稳预期、利长远的保障作用,在法治轨道上全面建设社会主义现代化国家,《国家标准化发展纲要》从法的方面对标准化建设提出了一些要求,下面对有关内容进行解读。

(一)健全科技成果转化为标准的机制

科技成果转化为标准,是指从科技成果的形成开始到制定基于该成果的标准的一系列活动,科技成果可以以专利形式或非专利形式转化为标准。[①]

---

① 参见李志新等:《科技成果转换为技术标准的现状、障碍及对策》,载《世界标准化与质量管理》2003 年第 10 期。

全国人大常委会分别于2015年和2021年修改通过《促进科技成果转化法》和《科学技术进步法》，规定了科技成果转化在组织实施、保障措施、技术权益以及法律责任等方面的准则。

标准是科技成果转化为先进生产力的桥梁和纽带，将科技成果转化为标准，可以提高标准的技术含量，促进科技和标准共同发展，从而加快生产力发展。

依据《国家标准化发展纲要》要求健全科技成果转化为标准的法律法规，从各个方面对科技成果转化为标准进行规范，保护科技成果转化为标准时所涉及的知识产权等内容，从而促进科技成果转化为生产力。

有关科技成果转化为标准的法律法规的内容应明确标准制定的程序、方式、涉及领域、职责，以及科技成果转化为标准的奖励、报酬。各级人民政府应结合区域科技创新和标准化发展水平，发布并实施相关政策举措，[①]提供科技成果转化为标准的管理与保障措施以及财政性资金的支持，规定保密要求和惩罚措施，让政府、企业以及有关人员在参与科技成果转化为标准时有法可依。

(二)加强标准制定过程中的知识产权保护

我国知识产权法由《著作权法》《专利法》《商标法》等法律法规组成。其中《著作权法》对著作权人及其权利、著作权归属、权利的保护期、权利的限制、著作权许可使用和转让合同、与著作权有关的权利以及著作权和与著作权有关的权利的保护进行了规定。标准制定所涉及的著作权，既涉及标准自身著作权，也涉及他人著作权。

① 参见高京等:《科技成果转化为技术标准发展现状与典型路径》,载《科技管理研究》2020年第8期。

《专利法》则涉及授予专利权的条件,专利的申请,专利申请的审查和批准,专利权的期限、终止和无效,专利实施的特别许可以及专利权的保护。

《商标法》是关于商标注册的申请、审查和核准,注册商标的续展、变更、转让和使用许可,注册商标的无效宣告,商标使用的管理,注册商标专用权的保护的法律。

2020 年 4 月,最高人民法院印发《关于全面加强知识产权司法保护的意见》(法发〔2020〕11 号),要求全面加强知识产权司法保护。

目前,我国一些标准的制定对标准涉及知识产权的重视度不够,对标准内容涉及知识产权部分的规定不完备,对标准涉及知识产权的实际保护不到位,对标准中必要专利信息的披露、必要专利实施许可的取得不规范。

实现《国家标准化发展纲要》所提出的加强标准制定过程中的知识产权保护,首先,应当在有关法律法规中明确标准制定过程中的知识产权归属,包括标准本身的版权归属、标准引用其他规范性文件的版权归属、标准涉及标准必要专利的版权归属。其次,应当制定一定的有利于知识产权保护的程序。再次,须对标准制定相关的人员、团体、企业以及政府部门等的职责提出要求,并设计合理有效的奖励及惩罚措施。最后,参与标准制定的成员应在标准制定过程中遵守法律法规,不侵害他人知识产权;有关部门应当依据法律加强对标准制定涉及知识产权内容的监管与保护。

《国家标准化发展纲要》强调了知识产权保护在技术创新中的基础性保障地位。从法的层面加强标准制定过程中的知识产权保护,是通过国家、政府强制力为标准涉及的著作权人的合法权益提供保障,是保证标准制定过程中知识产权受到保护的应然之举,更是推进建设社会主义法治国家的必行之义。它不仅可以提高著作权人创新创造的积极性,还可以保证市场的有序运行,促进国内国际贸易往来,增强我国经济实力,提升我国国际影响力。

(三)完善标准必要专利制度

标准必要专利是指包含在国际标准、国家标准和行业标准中,且在实施标准时必须使用的专利。[①] 标准必要专利制度,包括标准引用专利的制度,以及使用包含专利的标准的制度。

专利具有私人性质,而标准则带有一定的公益性。与普通专利不同,标准必要专利所涉及的专利经历了私有到公开的过程,专利权人有义务将其许可给公众使用,同时,标准必要专利在实施的过程中具有一定垄断性。

为减少标准必要专利的滥用和垄断的情况,标准制定机构(Standard-setting organizations,SSOs)提出了标准必要专利的公平、合理和非歧视性(Fair,Reasonable and Non-Discriminatory,FRAND)原则,但该原则较为模糊,内容宽泛,缺乏可操作性,约束力不强。

目前,我国标准必要专利领域存在许多问题。从一些有关标准必要专利的案件,如徐某、宁波某公司等侵害发明专利权纠纷案[(2020)最高法知民终 1696 号],夏普株式会社、赛恩倍吉日本株式会社、OPPO 广东移动通信有限公司、OPPO 广东移动通信有限公司深圳分公司标准必要专利许可纠纷案[(2020)最高法知民辖终 517 号],康文森无线许可有限公司与华为技术有限公司、华为终端有限公司、华为软件技术有限公司确认不侵害专利权纠纷案[(2019)最高法知民终 732、733、734 号之三]等中可以看出,我国标准必要专利,尤其在域外适用方面的立法较为滞后,执法有待加强。

---

① 参见马海生:《技术标准中的"必要专利"问题研究》,载《知识产权》2009 年第 2 期。

贯彻落实《国家标准化发展纲要》完善标准必要专利制度的要求，需要完成我国相关领域法律、司法、执法制度的变革。应当制定统一的文件，明确标准必要专利的违法认定条件，完善相关法律责任制度，加大对违法行为的威慑力度。同时注重专业行政执法队伍的培养，将公力执行与私人执行紧密衔接，制定系统性和持续性的矫正措施。改进司法审判模式，增加司法审判经验，为标准必要专利案件的司法审判提供充足的依据，按照每个案件的不同情况分别处理，避免出现“一刀切”的情况。

还应明确 FRAND 的法律责任，制定合理的标准必要专利许可使用费率计算方案，确定有关行为的违法认定条件，健全反垄断法律责任制度，设置有威慑力度的民事、行政和刑事处罚手段，制定严格的禁令救济规则，避免禁令救济规则的滥用。同时要求标准制定者以一定程序对标准必要专利信息进行披露，获得标准必要专利实施许可。[①]

从法律的角度完善标准必要专利制度，不仅能够对标准必要专利进入标准的程序进行规范，还保障标准必要专利所有者和使用者的合法权益，避免行业垄断等行为的出现，对标准的规范化和市场的平稳运行都有重大意义。

(四)防止地方保护和行业垄断

垄断行为是指经营者达成垄断协议，经营者滥用市场支配地位，具有或者可能具有排除、限制竞争效果的经营者集中行为。

垄断这一不正当竞争行为影响市场的自由竞争，降低市场创新和活力，不利于市场公平，阻碍生产力发展。

---

① 参见张小雨：《标准必要专利拒绝许可的反垄断规制研究》，河南大学 2020 年硕士学位论文。

为了预防和制止垄断行为，保护市场公平竞争，鼓励创新，提高经济运行效率，维护消费者利益和社会公共利益，促进社会主义市场经济健康发展，2022 年 6 月，全国人大常委会发布了修正后的《反垄断法》。

标准的反垄断，主要是破除一些标准在某些行业的垄断地位，打击标准的地方保护行为，反对利用标准限制自由、公平竞争。为了避免标准方面的地方保护和行业垄断现象的出现，应当制定和完善有关法律法规，加强政府监管，加大惩罚力度，改进相应法律程序，对标准制定的公正公开提出要求，建立健全标准必要专利拒绝许可行为的反垄断规制。

《国家标准化发展纲要》提出防止地方保护和行业垄断，有利于保证标准的顺利推行，塑造自由、公平的竞争市场，从而锻造出有竞争力的经营者，增强市场活力，促进生产力发展。

此外，当今世界，一些关键性技术被西方国家所掌握、垄断，我国一些标准的制定和使用受制于西方。从这一方面看，标准的反垄断也是维护国家利益，提高我国国际影响力，保障国际市场自由竞争的必然要求。

（五）推动行政管理和社会治理标准化建设，重点推进法庭科学、审判执行、法律服务等标准制定与推广

行政管理是运用国家权力对社会事务以及自身内部进行管理的一种活动，也可以泛指一切企业、事业单位的行政事务管理工作。[①]

行政管理标准化建设是有关行政部门顺利运转的重要保证，能够降低程序冗余，加快办事效率，促进有关部门内部、部门和部

① 参见朱奕帆：《人工智能参与行政治理的法律风险控制研究》，东北财经大学 2019 年硕士学位论文。

门之间的正常运转,更好地服务于人民群众。《国家标准化发展纲要》着重指出了法庭科学、审判执行和法律服务等方面的标准化要求。

1. 法庭科学

法庭科学又称司法科学,是运用自然科学和社会科学的原理和方法,研究查明事件法律性质、发现犯罪、揭露犯罪、证实犯罪及预防犯罪的科学技术手段与方法的一门综合性应用学科。[①]

目前,我国有关法庭科学的标准存在技术细节不足、刚性条款较少、与现实适配性不够等问题。由于法庭科学的标准化对象特殊,实际情况往往错综复杂,标准化规范常常难以应对差异化需求。同时部分技术人员科学基础不够扎实,更使得有关标准难以推行。

因而,《国家标准化发展纲要》提出制定和推广法庭科学有关标准,可以提高我国侦查技术水平,提高发现犯罪、揭露犯罪以及证实犯罪的效率和准确性,以及一定程度上提高犯罪预防水平。

法庭科学有关标准的制定,应当具体考察实际情况,征询一线人员意见,对一些细节进行科学化的讨论、研究,尽量采用定量分析方法,确保标准的易用性和可行性。同时加强对有关人员的培训,保证标准落到实处。[②]

2. 审判执行

目前我国在审判执行方面存在许多问题,如部分法律法规适用范围表述不准确,程序烦琐、不清晰,权利保障不到位,执行保障不足,侦查方式不够优化,检察机关特别监督程序消极履行,审判

① 参见刘文:《中国刑事科学技术大全:刑事科学技术总论》,中国人民公安大学出版社2003年版,第6~8页。

② 参见翟晚枫等:《法庭科学标准的可操作性研究》,载《证据科学》2023年第1期。

证明标准单一，一些程序之间存在衔接和冲突问题等，都亟待改进。

落实《国家标准化发展纲要》要求，建立有关审判执行的标准，应当明确侦查机关查控职责与范围，完善检察机关的起诉审查职责，统筹法律规范体系，探索审判执行的科学考评机制，制定严格的审判流程监管与考核标准，规范检察监督，细化监察监督，严格纪律约束。

3. 法律服务

法律服务是指律师、非律师法律工作者、法律专业人士或相关机构以其法律知识和技能为法人或自然人实现其正当权益、提高经济效益、排除不法侵害、防范法律风险、维护自身合法权益而提供的专业活动。①

法律服务标准的制定应"从群众中来，到群众中去"，结合人民群众和企业实际，关注人民群众切身利益，落到实处，落到小处。

《国家标准化发展纲要》要求制定推广法律服务标准，对提升人民群众社会生活水平，保障人民群众合法权益，尤其是保护弱势群体，建设法治、和谐社会，具有重要意义。

4. 制定推广法庭科学、审判执行、法律服务标准

贯彻落实《国家标准化发展纲要》，制定推广法庭科学、审判执行、法律服务标准应充分考虑实际情况，针对不同的地域、社会情况制定不同的标准，使标准具有可行性；标准表述应当简洁，便于理解和应用，具有易用性。同时可以增加标准中的指导性内容，加强科学研究，加长时间验证，重视对标准使用者的宣贯培训，推动标准质量评估和修订，借助信息技术手段制定和推行标准。

① 参见白建平：《农村法律服务建设研究——以浙江省瑞安市为例》，江西农业大学2016年硕士学位论文。

制定推广法庭科学、审判执行、法律服务标准,可以维护行政管理秩序,提供更加规范、合理的司法执法服务,保障司法执法公平、公正,完善我国司法体系,提高人民群众法制生活水平,增进法治社会的发展。

(六)完善刑事执法标准

刑事执法是公安机关代表国家行使具有强制力予以保障的公权力,因此整个过程必然要求在法律法规明确规定和许可的范围内运行,即公安机关刑事执法活动应当具有规范性。[①]

目前我国刑事执法存在以下问题:执法者思想上不够重视,没能将理论落实到实践、因地制宜进行执法活动;相关规范性文件以制度设计为主,缺少统一的操作规范和执法原则;对一些案件的执法程序缺乏有效规定,导致管理执行程序混乱;缺乏刑事执法规范化的制度和程序保障。

《国家标准化发展纲要》提出完善刑事执法标准,规范刑事执法活动,提高公安规范化建设水平,是依法治国的题中应有之义,是保障公民权利的内在要求,是社会正义的具体体现。

刑事执法标准的完善,应当以先进的法治思维和法治理念为指导,明确法定的执法主体、统一的执法依据,制定规范严格的执法程序,设置健全有力的执法监督和充足完备的执法保障,建设科学完善的执法质量考评体系,建立严格明确的执法责任追究制度。

应注意基层派出所的标准化建设。基层派出所是与广大人民群众联系最紧密的执法单位,是中国公安执法体系中的前沿阵地,基层派出所的标准化建设,是完善刑事执法标准,贯彻落实《国家标准化发展纲要》的重中之重。

---

① 参见杨江涛:《公安机关刑事执法规范化研究》,广西师范大学2020年硕士学位论文。

（七）建立法律引用标准制度、政策实施配套标准制度

目前，我国有关法律引用标准、政策实施配套标准的制度尚未建立，各种法律引用标准大多为间接引用，一般不指明具体发布的某一项或几项标准，而是使用“应当符合……标准”“禁止销售超过规定标准的……”之类较为宽泛的语句要求企业遵守有关国家和地方标准。

《国家标准化发展纲要》提出建立法规引用标准制度、政策实施配套标准制度，是我国首次在国家级标准化纲领性文件中明确提出法规与标准的问题，为我国法规与标准关系的研究提出了要求、指明了方向。

建立法规引用标准制度、政策实施配套标准制度，可以对政府引用标准提供指导，使政府对标准的引用更加规范，提高政策实施标准化程度，提高政府工作效率，确保政策落实。

法规引用标准制度、政策实施配套标准制度，应明确法律法规引用标准的适用界限。目前我国标准分为国家标准、行业标准、地方标准和团体标准、企业标准，不同类型的标准有不同的适用范围和效力，不同层级的法律法规对于不同层级、属性标准的引用应有相关规定，其中团体标准是我国2017年《标准化法》增加的内容，大部分法律法规尚未涉及团体标准，应尤其注意对这方面标准引用的规范。

还应完善法律法规引用标准的规则，包括引用标准的方式、对所引用标准的要求、引用标准的程序要求、对法规所引用标准的后续审查及更新工作等。

《国家标准化发展纲要》对建立法规引用标准制度、政策实施配套标准制度的要求，有利于提高法律法规质量，增强法律法规的适用性、可操作性，充分发挥法律法规、政策维护社会公共秩序的

作用。

(八)加强标准制定和实施的监督

对标准制定和实施的监督,是指对标准制定是否符合有关法律法规或其他文件,是否与其他标准相冲突,对产品在设计、试验、试制、生产过程中是否满足标准要求,同时对不符合标准的行为给予相应的处理。

对标准的实施进行监督是指对标准贯彻执行情况进行督促、检查和处理的活动。标准实施监督是政府标准化行政主管部门和其他有关行政主管部门,领导和管理标准化活动的重要手段。其目的是促进标准的贯彻、监督标准贯彻执行效果,发现标准中存在的问题,为进一步修订标准提供依据。同时,可通过对标准实施情况的监督,进一步发现与其他相关标准的关系,从而使标准化活动引向深入,推动标准化活动的良性发展。

《国家标准化发展纲要》提出加强标准制定和实施的监督,要求完善标准制定和实施监督的法律体系,提高法律法规的可操作性和适用性,强化监督管理参与主体责任意识,从而强化标准的监管效果与效率。同时加大违法处罚力度,结合实际情况制定相应的精细化的执法要求,给予标准监督体系建设足够的重视,提高标准制定实施和监督体系的可操作性。

为标准的制定和实施制定相应的法律法规,并进行监督管理,划定了标准化活动的合理、正当范围,是标准制定和实施的监督的后盾,是对标准实施提供规范化的一种"硬约束"手段,有利于标准秩序健康有序发展,满足依法治国要求,为产品质量及可持续发展提供保障。

(九)完善配套政策

完善标准化建设的配套政策,是指通过制定财税、科技、产业、金融、信用、人才等相关方面的政策，以提高对标准化建设的重视程度，保证标准化建设的可持续发展。目前我国存在标准贯彻实施力度不够，标准化意识薄弱，有关标准化知识及法律、法规的宣传推广力度不强，资金投入不足，相关人员法律观念淡薄等问题。贯彻落实《国家标准化发展纲要》，完善标准化建设的配套政策，在法的方面就是要针对市场需求，制定相应的法律法规，规定相应的奖励与惩罚措施，要求给予政策优惠和资金扶持，对标准涉及知识产权提供保障，促进技术创新与共享，充分调动标准化生产的积极性。

（十）国家有关部门、各省市在《国家标准化发展纲要》发布后的举措

为贯彻落实《国家标准化发展纲要》，我国多部委出台各种文件，为我国各领域标准化建设方向提出更加具体的指导规划，引领各领域的标准化建设，为下级有关部门标准化建设的实施提供范本。同时，我国各级行政区域人民政府纷纷响应，出台“实施意见”，发布“发展纲要”，制定“行动计划”“管理办法”，以推进行政区域内标准化建设。

1. 有关部门发布部门规章

下面对《国家标准化发展纲要》发布后，国家有关部门发布的部分有关标准化建设的部门规章、规范性文件进行罗列。

2021 年 12 月，国家标准化管理委员会等 10 部门联合编制印发了《“十四五”推动高质量发展的国家标准体系建设规划》，从而指导国家标准的制定与实施，加快构建推动高质量发展的国家标准体系。

2022 年 1 月，国家标准化管理委员会等 17 部门联合印发了《关于促进团体标准规范优质发展的意见》（国标委联〔2022〕6

号),以求规范团体标准化工作,促进团体标准优质发展。

2022年2月,国务院下发《关于加快推进政务服务标准化规范化便利化的指导意见》(国发〔2022〕5号),以加快推进政务服务标准化、规范化、便利化,更好满足企业和群众办事需求。

2022年3月,《中国标准创新贡献奖管理办法》经国家市场监督管理总局党组第12次会议修订通过。

2022年7月,国家市场监督管理总局等16部门印发《贯彻实施〈国家标准化发展纲要〉行动计划》。

2022年9月,国家市场监督管理总局根据《标准化法》制定并公布《国家标准管理办法》;商务部修订发布《商务领域标准化管理办法》,进一步提高商务领域标准化工作管理水平。

2023年1月,农业农村部办公厅印发《农业农村部专业标准化技术委员会管理办法》。

2023年2月,文化和旅游部印发《文化和旅游标准化工作管理办法》,以规范文化和旅游标准化工作,推进文化和旅游标准化建设,发挥标准对文化和旅游高质量发展的引领和支撑作用。

2023年8月4日,国家市场监督管理总局通过《企业标准化促进办法》,引导企业加强标准化工作,提升标准化水平,提高产品和服务质量,推动高质量发展。

2023年12月26日,《邮政业标准化管理办法》施行,旨在加强邮政业标准化工作,提高产品和服务质量,促进邮政业高效能治理和高质量发展。

2. 各省市发布实施意见

为贯彻落实《国家标准化发展纲要》,全国28个省、自治区、直辖市发布贯彻落实《国家标准化发展纲要》的实施意见,不少地级市(县),如南京、成都、厦门、嘉兴等,也纷纷响应,发布相应实施意见。

许多省市制定“发展纲要”和“行动计划”，提出 2025 年和 2035 年本辖区标准化建设的目标，如中共北京市委、北京市人民政府印发《首都标准化发展纲要 2035》，明确了数字经济、智慧城市、城市运行、社会治理等方面的标准化内容。中共南京市委、南京市人民政府印发《南京市贯彻落实国家标准化发展纲要行动计划》，提出融合技术创新、助力产业强链、助推服务业升级、引领乡村振兴、保障绿色发展等 8 项行动。

3. 地方性法规的制定

重庆等部分省市颁布本行政区域内第一部标准化条例。天津、甘肃、内蒙古修订原有标准化条例，把标准化纳入本省市发展规划，对本省市，尤其是监督部门的标准化工作提出了更多的要求。这些新修订的标准化条例对标准化的报批、起草、审查、公布设置了更完善的程序，新增了对团体标准和数字化的要求，提出建设标准化机构，进行人才培养，培养企业、群众标准化意识，对在标准化方面作出贡献的有关企业和个人进行奖励，鼓励对违法违规行为举报，并要求及时受理，提出地方标准要求高于强制性国家标准，标准涉及领域扩大，禁止妨碍营商环境，同时支持开展标准化试点工作。

一些市级人民政府也新制定地方标准管理办法，如《宁波市地方标准管理办法》。

浙江省人民政府根据《标准化法》《浙江省标准化条例》，制定《浙江省标准创新贡献奖管理办法(2022 年修订)》，以充分激发各类主体的标准创新贡献活力，表彰在标准化活动中作出突出贡献的单位和个人。

《重庆市标准化条例》第二十八条第二款规定，每年 10 月 14 日所在周为本市标准化宣传周，以地方性法规的形式对标准化的宣传推广提出了要求。

4. 行政管理标准化的实施

《国家标准化发展纲要》强调了行政管理的标准化要求。为加强行政管理水平，提高行政部门运行效率，切实提升人民群众办事体验，保障人民群众办事需求，更好地为人民服务，许多省市出台相应政策，制定地方性法规或规范性文件，推进行政管理标准化试点，让标准化建设落到实处。

上海市浦东新区陆家嘴街道城市运行综合管理中心根据《上海市标准化试点项目管理办法》要求，率先完成新区城市运行综合管理体系标准化建设试点工作，提升窗口服务形象。

内蒙古自治区人民政府印发《自治区三级行政许可事项清单(2022 年版)》，公布行政许可事项 685 项。鄂尔多斯市制定全自治区首部政务服务地方性法规《鄂尔多斯市政务服务条例》，通过集中联动审批、全流程服务企业，大幅提高审批效率，办事体验明显提升。

重庆市通过编制行政许可标准化参考文本，制定了行政许可标准化测评指标，以标准化推动具有行政许可事项的市级部门和区县全面推进行政许可事项、流程、服务、受理场所建设与管理、监督管理评价 5 个方面标准化，推动全市打造市场化、法治化、国际化营商环境。

二、现实因素

从标准方面看，标准需要借助法律的效力获得推广实施。标准的生命在于实施，虽然标准具有规范效力，但与法律的规范效力有本质区别。法律的规范效力来自国家强制力保证，通过国家强制力产生制裁的压力促使人们遵守法律，保证法律得到执行；而标准的规范效力则源于标准制定各方基于标准的科学性与技术性所形成“最佳秩序”的共识。“许多标准的形成主要是技术性的研究工作，依赖于技术性研究或知识性研究的成果，而不是依靠总结的文字功夫。特别是有些创新性的和技术性强的标准，技术研究工作占据了标准制定的绝大部分工作量和时间。”①标准之所以被遵守，最重要的是标准的科学性与技术性。遵守标准能够促进生产效率、提升产品或服务的质量、保障产品或服务使用者的人身财产安全、符合标准的产品或服务更加容易被市场所接受。若违反标准生产，仅能够产生产品质量低下、性能要求不合格等客观结果。当这些客观结果尚未受到法律评价前，并不会对当事人的权利义务产生影响。因此，标准不能如同法律那般对实施者产生强制约束力，这是标准局限之所在，因此，标准有得到法律效力支撑的动因。

从法律方面看，法律需要借助标准填补“法律漏洞”。法律调整人们行为的方式是“应为”或“不应为”模式，但尚未给行为人指明具体的行为模式，即“如何为”或“如何不为”，法律规范具有抽象性。法律的扩张使其越来越多地涉足具体技术性问题，法律通过援引标准对技术领域起到规范作用；如果法律不援引标准，那么法律就很难发挥对技术领域的规范作用，因此，标准承担了延伸法治的作用。

例如，“醉酒驾驶机动车”是危险驾驶罪的罪状之一，而《刑法》没有明确定义“醉酒驾驶机动车”。《道路交通安全法》同样未明确规定何为“饮酒后驾驶机动车”。同样是喝酒驾驶机动车，饮酒后与醉酒所承担的责任形式完全不同，对当事人影响巨大。立法者并非故意留下立法漏洞制造法律适用的困难，而是法律无法调整技术领域。禁止酒后驾驶机动车，是因为酒精对驾驶者应急能力

① 周宇：《法律引用团体标准规则的探索》，载《电子知识产权》2022 年第 3 期。

与控制能力有一定的抑制作用,增加事故风险。事实上,酒精浓度的量化数值达到多少才会抑制驾驶者的驾驶行为是一个科学问题,不是法律问题,需要通过复杂的科学实验、生物学、医学等科学予以解答。

《车辆驾驶人员血液、呼气酒精含量阈值与检验》(GB 19522—2010)中4.1“酒精含量阈值”规定,车辆驾驶人员饮酒后驾车血液中的酒精含量阈值是大于或者等于20mg/100mL,小于80mg/100mL;车辆驾驶人员醉酒后驾车血液中的酒精含量阈值是大于或者等于80mg/100mL。由此,法律借助标准细化了“饮酒后驾车”“醉酒后驾车”的酒精含量阈值,为法律适用提供支撑。2024年3月1日实施的《血液、尿液中乙醇、甲醇、正丙醇、丙酮、异丙醇和正丁醇检验》(GB/T 42430—2023)描述了采用顶空气相色谱(HS/GC)和顶空气相色谱—质谱(HS/GC-MS)检验血液、尿液中乙醇、甲醇、正丙醇、丙酮、异丙醇和正丁醇的方法,适用于血液、尿液中乙醇、甲醇、正丙醇、丙酮、异丙醇和正丁醇的顶空气相色谱—质谱定性分析和顶空气相色谱定性定量分析。《血液、尿液中乙醇、甲醇、正丙醇、丙酮、异丙醇和正丁醇检验》(GB/T 42430—2023)在公共安全行业标准《生物样品血液、尿液中乙醇、甲醇、正丙醇、乙醛、丙酮、异丙醇和正丁醇的顶空—气相色谱检验方法》(GA/T 1073—2013)基础上制定,为《刑法》、《道路交通安全法》和《车辆驾驶人员血液、呼气酒精含量阈值与检验》(GB 19522—2010)的实施提供更有力的技术支撑。

三、数字化发展因素

(一)标准数字化

标准数字化指向的是利用大数据、区块链、物联网、云计算对标准本身及其预研、立项、起草、征求意见、审查、发布、实施、复审、修订、废止等全生命周期过程赋能,使标准承载的规则与特性能够通过数字设备读取、传输与使用的过程。标准数字化可以理解为一个过程,即标准的数字化转型为业务赋能的过程,指向的是实务阶段。在标准建设与发展初期,标准大多以纸质文档为表现形式,在标准编制、发布、辨识、实施、监督等过程中都需要大量人力参与。这一过程基本就是人与人之间通过纸质文档间接交互,由于涉及人员多、环节流程长,难以避免存在效率偏低、极易出错等问题。随着技术发展,大多数标准已逐步向电子文档转变。电子格式文档和互联网的发展与普及,有效提高了标准的制定、修订、查询、应用等效率。标准数字化是逐步从人到人、人到机器,最终仅需少量人力参与的机器到机器的过程,在演进过程中标准工作的准确率和效率将不断提升。可以说,标准数字化就是标准全生命周期的各个环节逐渐精准化、高效化、自动化的演进过程。

标准数字化的核心要素就是数字标准。标准数字化在国际上也得到了广泛研究。国际标准化组织 ISO 对标准数字化给出一个被称为 SMART 的定义(见表 5－1),即无需人员参与可实现标准的机器可读、可用、可理解、可解析,这应该是标准数字化发展的一个里程碑。从过去单纯的文字表达方式转变到现在的机器可读方式,使标准数字化发展成为可能,IEC/ISO 采用 0 至 4 级等级模型来描述机器可读标准所具有的数字化能力。

表 5－1　ISO 对标准数字化的 SMART 定义

等级与标准形式	机器可读能力	机器功能实现	机器功能局限
等级 0:纸质格式	无	无	机器交互的可能性为零
等级 1:传统数字格式(如 PDF)	可显示和搜索相关内容	基础检索、在线预览	机器交互的可能性很低

续表

等级与标准形式	机器可读能力	机器功能实现	机器功能局限
等级 2：机器可识别(如 XML)	具有文本模块化特征，可利用软件识别文件结构并进行基本处理	简单标记简单检索；文档结构化；文档能够被软件简单解析	机器无法理解检索到的结果与内容
等级 3：机器可执行	(1)可根据应用场景选择性地访问赋有语义的标准内容 (2)可利用应用程序界面对标准内容执行较复杂的操作	标记的语义描述；对已定义要素的高级检索；对公式、图标和代码的自动查找与处理	本体无法理解上下文的逻辑关系
等级 4：机器可决策	(1)机器能够以更为复杂的方式执行或解析标准内容 (2)具有表示标准内容及元素之间相互关系的信息模型，可实现无断点、无歧义的数据流 (3)具有自学习和验证的能力，可自主应答询问、预测性地提供所需标准内容，并不断优化标准内容的访问和处理方式	标记要素关系的本体构建；标准化文件的自动生成；机器对内容的自动识别与操作	

标准数字化不仅可以有效促进标准全周期管理更高效、更透明、更协同、更智能，还将在推进人工智能、物联网等新技术发展中发挥标准引领产业发展等积极且重要的作用，具有潜在的巨大链式效应。

(二)法律数字化

《法治中国建设规划(2020—2025 年)》提出，“充分运用大数据、云计算、人工智能等现代科技手段，全面建设‘智慧法治’，推进法治中国建设的数据化、网络化、智能化”。法律数字化作为数字法治阶段的重要特征之一，其所指向的是法学理论、司法机制两个方面，通过理论与实践两个方面共同打造法律数字化。

就理论层面而言，有《数据安全法》《个人信息保护法》等重要法律，以及《国务院反垄断委员会关于平台经济领域的反垄断指南》《网络交易监督管理办法》《公平竞争审查制度实施细则》《关键信息基础设施安全保护条例》《汽车数据安全管理若干规定（试行）》《企业境外反垄断合规指引》等行政法规、规章和规范性文件的相继公布实施。除此之外，一些地方政府也出台了地方性法规，如《安徽省大数据发展条例》《深圳经济特区数据条例》《上海市数据条例》等，建立与健全法律数字化进程中的体系。相较于理论层面的促进作用，实践阶段主要是在《国民经济和社会发展第十四个五年规划和2035年远景目标纲要》《"十四五"数字经济发展规划》等中指出了发展数字经济、打造数字政府、建设数字社会、营造数字生态这四大重点时代任务，在《法治政府建设实施纲要（2021—2025年）》《国务院关于加强数字政府建设的指导意见》中提出了"数字法治政府"和"数字机关"的建设目标。为进一步促进法律的数字化进程，贴合时代任务，全国数字检察改革、浙江"浙江全域数字法院"建设等也都纷纷启动，其主要特点是程序重塑和机制再造，从实践的角度展开法律数字化建设。在此基础上，中国的数字法治建设经历了技术应用、智能辅助和重塑再造的不断迭代升级过程，这也是一个从工具性到目的性、从形式上到实质上、从技术性到制度性的发展过程，数字法治建设迈向了总体构建阶段。

（三）数字化发展对标准与法律的融合具有促进作用

1. 工具

数字化技术在标准与法律的融合过程中充当着"工具"，从而于融合中延伸标准与法的广度。首先，数字化技术作为时代产物，已经在政府管理与服务、产业发展、日常生活等多领域发挥着重要作用。事实上,我国对于数字化的重视始终是一个过程化的结果,在不断总结建设与发展经验的过程中助推新一轮的建设与发展。在2018年的中国科学院第十九次院士大会、中国工程院第十四次院士大会上,习近平指出“要把握数字化、网络化、智能化融合发展的契机……推动互联网、大数据、人工智能同实体经济深度融合”,此外,根据2021年的两份重要文件进一步奠定了数字化在新时期发展过程中的地位:一是《国民经济和社会发展第十四个五年规划和2035年远景目标纲要》,文件中将“加快数字化发展　建设数字中国”作为独立篇章提出,其中标准数字化是数字经济、数字社会、数字政府建设的标准化基础。二是《国家标准化发展纲要》中明确要注重发展机器可读标准、开源标准,推动标准化工作向数字化、网络化、智能化转型的实现。随着标准数字化的发展,标准的普及与使用将更加广泛,开源社区与标准化组织的影响力将进一步增强。数字化在法律层面发挥的作用同样如此。

2. 指南针

建设数字中国是数字时代推进中国现代化的重要引擎,是构筑国家竞争新优势的有力支撑。在标准与法律的融合过程中发挥着指南针的重要作用。标准数字化应对数字技术变革的需要,法律数字化对应的是国家治理体系和治理能力现代化的关键环节。

数字化发展作为标准与法律融合的指南针,主要体现在以下两个方面:一是标准数字化是技术发展的产物,也是数字时代的基本需求。随着开源、区块链等数字方法与技术的持续发展,出现了开源标准、开放标准、SMART标准、数字标准、BSIFlex等多种标准数字化相关概念、标准形式与制定方式,以满足各行业领域的自身特点和发展需求。适时开展标准数字化研究,能够从基础角度对相关概念、原理、方法、共性技术、领域应用等方面进行梳理,提出适合国情的标准数字化技术路线。法律数字化作为社会发展的重要理论支撑，占据着重要地位。最高人民法院院长周强强调，要"通过依法公正裁判为数据经济发展和技术创新明晰规则，引导新技术新业态新模式在法治轨道上有序发展"，"努力建设中国特色、世界领先的互联网司法模式，创造更高水平的数字正义"。在这种总基调下，标准无疑会进行相应的改造建设，从而实现标准与法律相适配。二是标准数字化成为国际上标准竞争的制高点。ISO、IEC、CEN、CENELEC 等国际和区域层面的标准化组织以及英国、美国、德国等发达国家，都将实现标准数字化转型纳入其标准化战略，率先在工业、建筑业、社会治理等领域开展研究与应用。法律数字化更容易融入国际层面。在适应世界范围内的数字化进程的同时，推动法律数字化的实现与创建，从而相应地影响标准的制定与实施，进一步助推法律与标准的融合。

（四）数字化发展对标准与法律的融合产生一定的消极影响

数字化作为新的经济发展时期的"双刃剑"，其落足到标准与法律上，兼具积极的一面与消极的一面，既矛盾又统一。在数字化蓬勃发展的背景下，标准与法律也积极调整自身以应对新的建设与发展阶段。

在标准与法律融合的过程中，数字化对标准与法律的影响具有一定的局限性。标准数字化需求仅集中在信息与通信技术、金融科技以及数据行业，但已有组织机构开始在社会治理领域构建数字标准框架，面向社会公开采集信息。采集过程中的信息获取、处理和使用，有可能引起诸如知识产权、数据安全、隐私保护等系列治理与伦理问题，相关问题的处置也在一定程度上成为标准数字化研究的新命题。法律数字化需求则是主要体现在数字法学体系、智慧法院、法律数据智能化、法律服务数字化等领域。在这个过程中数字化的副作用得到了一定的展现。以公平正义为例，非典型劳动关系案件出现了同案不同判现象，影响到实质正义的实现。在刑事诉讼中，司法技术有可能因为数字技术带来的优势，使得被追诉人处在更加不利的地位，且算法的篡改、缺陷都可能加剧司法不公风险。此外，数字化弱势群体也是亟须解决的重要内容。

在标准与法律融合的过程中，无论是标准维度还是法律维度，都应掌握主动权，促进标准与法律的融合与进一步发展。一方面，标准数字化专注于探讨标准本身如何应对数字技术带来的冲击，并以此为基点推动标准化的数字化转型。我国标准数字化还处于摸索阶段，需要结合当前标准化水平、研究基础、领域需求来整合现有资源，在工作机制、科学研究、试点示范、国际交流等方面积极行动，筑牢经济社会发展的标准数字化基础。另一方面，法律主要从法律服务适老化改造、数字司法范式打造及法律法规完善等方面进行改造。

四、消极影响因素

(1)不恰当引用：在司法实践中，标准可作为法律的技术支持，也可以作为法律的证据材料，但技术规范有与基本法律原则(比如公平原则、平等原则)存在抵触的情形，则不能确认其效力，即两者会存在不恰当引用的情况。

(2)以标准代替法律的限度：标准的信息传达性具有法律的意义，但不具备法律的强制性。虽然相对于法律对权利义务规定的原则性，标准规定的技术要求具有确定性和可证实性，采用标准化的方案更有操作性。但标准若要代替法律的作用就必须有法治为条件，否则其一般功能都难以发挥作用。我国标准化工作以政府部门为主导，国家通过专门的标准化立法，将标准化活动纳入国家法律调整的范畴，实现政府对标准化工作的统一管理。[①] 标准替代法律对于法治的意义在于应当将标准纳入法治的视野，充分发挥标准化的作用，推进国家法治建设。

（3）利益分配不均：标准与法律的制定往往需要各利益相关方进行协商和达成共识，但是，各方利益不同、认知水平不同等，往往难以达成共识，并导致一些利益分配不均的情况出现。

（4）对企业的经营造成负担：标准与法律的融合可能会增加企业的成本，包括人力、物力、财力等。这将对企业的经营造成一定的负担，影响企业的市场竞争力。

（5）技术创新受限：标准与法律的制定往往是基于当前的技术水平和市场需求而进行的，但是，如果标准与法律过于严格，可能会限制技术创新的空间，使得一些新兴技术无法得到应有的发展机会。

（6）管理和监督难度大：标准与法律的制定需要政府部门进行管理和监督，但是，如果标准与法律的制定过于复杂，或者涉及领域过于广泛，那么政府的管理和监督难度将会增大。

（7）实施效果不佳：标准与法律的制定是为了解决具体问题，但是，如果标准与法律的制定过于片面或者缺乏实际参考价值，那么实施效果可能会不佳。

综上所述，标准与法律融合的消极影响主要是由利益分配不均、企业经营负担增加、技术创新受限、管理和监督难度大、实施效果不佳等原因造成的。

---

① 参见柳经纬：《论标准替代法律的可能及限度》，载《比较法研究》2020年第6期。

第四节　对策建议

一、加强法律对标准的管理和支持

为了加强法律对标准的管理和支持,可以采取以下措施:

(1)构建标准与法律的协调机制,促进双方之间的沟通和协作,合理制定相关标准和法律。①

(2)完善标准制定程序,明确标准的内容、范围、适用性、监测和评估等方面的要求,提高标准制定的科学性和规范性。

(3)加强对标准实施的监管,完善标准追溯制度,防止不合格产品流入市场。

(4)支持标准化技术创新,鼓励企业进行标准化研究和开发,在技术创新中充分发挥标准的引导和规范作用。

(5)建立标准宣传和推广机制,加大标准宣传和推广力度,提高社会公众对标准的认知和重视度,增强标准的权威性和影响力。

综上所述,加强法律对标准实施的管理和支持,可以有效提高标准制定和实施的质量和效果,促进经济社会的可持续发展。

二、加强标准对法律的支撑

要使标准更有力支撑法律,可以采取以下措施:

(1)高度重视标准的制定,并加大对标准制定机构的资金和技术支持,确保标准的制定水平和科学性。

(2)加大力度实施企业标准自我声明公开和监督制度。建立

---

① 参见王世川、马艳霞:《小议我国标准与法律的关系》,载《标准科学》2012 年第 3 期。

标准检测和追溯制度,确保产品符合标准,防止不合格产品流入市场,维护消费者权益。强化标准的执行力度,在标准违规问题发生时,及时采取行政处罚或其他相应的惩戒措施。动员社会公众对标准制定和实施情况进行监督。优化标准实施信息反馈机制,畅通消费者查阅产品和服务标准、投诉反馈的渠道。

(3)加强标准与法律的协调。首先,从立法上协调。于连超认为,"在我国,立法采用标准还没有体系化的制度支撑,相应的实现路径和具体措施还不畅通。我国应逐步从标准化与合格评定分别立法模式走向统一立法模式,为标准支撑法律实施注入动力"①。其次,从机制上协调。政府应建立标准与法律的协调机制,并在制定法律时与制定标准的机构进行充分沟通和协商,确保标准与法律间相互协调,确保法律准确引用标准。

(4)完善标准推广和宣传机制,加大对标准的宣传推广力度,提高公众对标准的认知和重视程度,倒逼企业重视标准化,提升产品质量和技术水平,促进形成讲标准、用标准、守标准的良好社会风尚。

综上所述,政府应高度重视标准的制定和实施,加强标准与法律的协调,完善标准推广和宣传机制,从而使标准更有力地支撑法律。

三、提升标准水平

《行政诉讼法》第六十三条规定:"人民法院审理行政案件,以法律和行政法规、地方性法规为依据。地方性法规适用于本行政区域内发生的行政案件。人民法院审理民族自治地方的行政案件,并以该民族自治地方的自治条例和单行条例为依据。人民法

① 于连超:《标准支撑法律实施:比较分析与政策建议》,载《求是学刊》2017年第4期。

院审理行政案件,参照规章。"对此,法学家张友渔提出,"如果规章没有法律效力,法院判案不作为依据,行政机关执行行政职务就会陷于无所依据,不能正确完成任务;人民对涉及有关行政关系的行为也不知该怎么做,只能盲目活动;而法院审理案件也会增加很多困难,所以,最高人民法院召开的全国法院工作会议决定规章可以作为经济案件的判案依据,反对规章作为法院判案依据的主要理由是现在的规章又多又乱,而且各个规章互相矛盾,如作为判案依据,会使判案失去公正,损害人民利益"①。

同理,法律引用标准过程中遇到的问题也可以部分归咎于与法律的严谨性比较起来,现在的标准"又多又乱"。因此,只有不断提升标准水平,才能为法律提供更好的支撑,在法律法规需要的各处予以细化。从标准制定、实施等全过程、全方位提升标准的科学性、规范性、时效性。积极利用科学技术成果,加强高技术含量标准供给;简化流程,缩短标准制定周期,加速标准供给,确保时效性;广泛征求意见,确保标准各利益相关方协商一致。制定高质量标准,在不阻碍标准化发展的前提下,权衡好标准数量与质量。

(一)基础必筑牢

支持标准化服务业发展。完善促进标准、计量、认证认可、检验检测等标准化相关高技术服务业发展的政策措施,培育壮大标准化服务业市场主体。

支持企业开展标准化工作。引导企业开展产品质量、服务、管理标准制定,加强员工标准培训,推动企业提升制定、实施标准的能力。鼓励优势企业在标准化科技体系中发挥作用。加强质量标准国内国际衔接。

---

① 张友渔:《关于行政诉讼法的两点意见》,载《中国法学》1989年第4期。

标准数字化。邬贺铨院士提出:“标准的数字化包括两个方面,一是标准的表现形式的数字化,二是标准化方法的数字化,通过数字化技术来推动标准化工作的发展。”[①]创新标准化服务工具和模式,如标准编写工具、标准协同制定平台、智能标准检索等。发展机器可读标准、开源标准,推动标准化工作向数字化、网络化、智能化转型,如通过技术对标准文本进行处理,获得标准的机器可读文本语料。

(二)源头必把控

防止地方保护和行业垄断。规避利益相关方单方面主导制定国家标准、行业标准,拓宽多方参与渠道,广泛征求意见。标准是为经济活动和社会发展提供技术支撑,促进治理体系和治理能力现代化,不是为了限制创新、垄断,探索有力机制阻止别有用心的企业、个人利用标准扰乱经济社会发展秩序。

胡卫东在标准化主体治理的相关对策中提到“标准是共识的产物,需要公平、公开地接受社会各方的意见,我国标准化实践以及学术研究借鉴司法审判实践的‘陪审制’全员参与的机制,公民或者消费者见证标准化全程化活动公开透明,主动参加意见征集活动,增进相关方利益得到充分满足,夯实‘智库’池人才,实现标准化的治理,尤其是标准化的善治”[②]。

(三)制定必优异

精简标准数量以提高标准质量。

(1)研究标准的知识产权问题,限制相同或类似企业标准、团体标准。中共中央、国务院印发的《国家标准化发展纲要》第 28 条

---

① 张佩玉、裴继超:《邬贺铨:标准数字化是大势所趋》,载《中国标准化》2022 年第 7 期。

② 胡卫东等:《标准化关系及标准化主体治理研究——基于法和效益的视角》,“第十八届中国标准化论坛”论文,2021 年 10 月于广东佛山。

规定，“建立标准版权制度、呈缴制度和市场自主制定标准交易制度，加大标准版权保护力度。”

（2）建立健全政府颁布标准采信市场自主制定标准的机制。简化国家标准、行业标准申报流程，地方标准差异化、特色化，限制相同或类似地方标准。避免资源重复投入、避免标准数量过多而带来的监管乏力。

（3）推动标准与科技相互促进。强化标准的先进性、创新性，一方面，要建立健全科技成果、专利转化为标准的机制。科技成果、专利转化为标准可以提高标准的先进性、创新性，同时有利于科技成果、专利的落地应用。可探索制定相关激励政策、指导文件，如《标准制定的特殊程序　第1部分：涉及专利的标准》（GB/T 20003.1—2014）规定了标准制定和修订过程中涉及专利问题的处置要求和特殊程序，适用于国家标准，国家标准化指导性技术文件、行业标准和地方标准可参照使用。另一方面，标准的更新速度应跟上科学技术进步的速度。优化标准制定流程、缩短标准研制周期，加快标准更新速度，更好地为经济社会发展作出贡献。

（四）实施必见效

标准的生命力在于实施。国际标准化组织标准市场适用性特别工作组的研究表明，评价标准是否得到实施的基本准则包括：（1）标准是否被技术法规引用，用于支持法律，促进竞争；（2）标准推动合格评定程序；（3）标准帮助研究和开发，降低设计成本，减少不必要的种类。强化标准实施应用，拓展标准实施方式、应用场景。

推动企业提升执行标准能力。有效实施企业标准自我声明公开和监督制度。将企业产品和服务符合标准情况纳入社会信用体系建设，确保标准切实落地实施应用，进而增加标准的经济效益、社会效益、生态效益。

通过实践检验优化升级标准，发挥市场对标准的优胜劣汰作用。建立标准实施信息反馈机制，鼓励标准实施应用主体向标准制定单位反馈问题和建议。

通过验收检查标准实施情况，逐步清理淘汰重复、过时的标准，应用范围小、效益不显著的标准。

（五）监督必到位

探讨搭建政府、企业、社会公众多方参与、协调共促的标准监督机制，研究出台各层级、各主体标准监督管理具体工作要求，对"如何对标准开展监督"进行明确，对全域标准研制、实施情况开展监督，从监督倒逼标准高质量制定实施。建立标准质量和标准实施第三方评估机制。探索建立消费者反馈渠道，发挥社会公众对标准实施情况的监督作用。

四、畅通标准支撑法律的路径

（一）建立健全法律引用标准制度

《国家标准化发展纲要》明确提出："建立法规引用标准制度、政策实施配套标准制度，在法规和政策文件制定时积极应用标准。"通过制度确立法律引用标准的路径，畅通机制，指导规范引用，防范引用过程中可能出现的问题。

《国家标准化发展纲要》规定，"标准化在推进国家治理体系和治理能力现代化中发挥着基础性、引领性作用"。相较于法律，标准的制定周期短、程序简单、速度快，能够及时为社会发展中出现的新问题、新状况提供支撑。

《标准化法释义》[①]提及了法律、法规、规章引用标准的情况。

---

① 参见甘藏春、田世宏主编：《中华人民共和国标准化法释义》，中国法制出版社 2017 年版，第 30 页。

法律指方向，标准定刻度。宽泛宏大的原则在实践中很难判断，导致市场行为的犹豫不决，不利于经济发展。用好标准这一治理工具，通过标准对法律法规中的宏观指导原则进行量化。

《食品安全法》全文108次提及“标准”，并明确提出“食品安全标准是强制执行的标准”，足以窥见标准对法律的支撑作用。其中，第三章单独规定了食品安全标准的内容、制定主体、程序、实施等。

《环境保护法》对环境质量、污染物排放等标准作出了规定。条文中的表述“应当符合法律法规规定和有关标准”更是将标准提至与法律法规同等的高度。

标准还可以通过合同强制实施，《民法典》第五百一十一条规定：“当事人就有关合同内容约定不明确，依据前条规定仍不能确定的，适用下列规定：（一）质量要求不明确的，按照强制性国家标准履行；没有强制性国家标准的，按照推荐性国家标准履行；没有推荐性国家标准的，按照行业标准履行；没有国家标准、行业标准的，按照通常标准或者符合合同目的的特定标准履行……”

《ISO/IEC Guide 2:2004 标准化和相关活动——通用词汇》中第11章单独说明了在法律中引用标准的情况，包括引用的精确度、引用的强度、强制性标准等。ISO/IEC Guide 2:2004 对技术法规的定义是：“规定技术要求的法规，它或者直接规定技术要求，或者通过引用标准、技术规范或规程来规定技术要求，或者将标准、技术规范或规程的内容纳入法规中。”国际标准化组织和国际电工委员会在2008年发布了《关于在技术法规中使用和引用ISO和IEC标准》，推动各国在立法中采用标准。

目前许多国家的强制性标准并非独立存在，而是依赖或依附于技术法规。国外的普遍做法是，立法机关在制定技术法规时尽可能引用自愿性标准。[①]

（二）规范法律引用标准的路径

法律引用标准前，应对标准的科学性、合理性再次进行评估。

加强对立法人员的标准化知识培训，提升标准化意识，在立法工作中用好、用对标准，发挥标准化对治理的重要作用。

美国政府机构绝大多数通过“参引合并”的立法技术将标准纳入法律，即将标准号、标准名称等信息在相关法律法规中明示，以赋予非政府标准公法上的普遍约束力。美国法律法规引用的标准绝大多数是由私营标准组织通过自愿共识程序制定的。[②] 美国的标准组织之间平行存在，标准组织独立经营并依据自身的规则程序制定标准。美国国家标准学会作为代表国家的管理和协调机构，在市场中选用这些标准组织制定的标准。美国法律法规引用的标准类似于我国的团体标准。

美国现行推动联邦政府机构采用非政府机构制定的自愿性标准的法律规范包括：《国家技术转让与推动法案 1995》（公法 104－113，National Technology Transfer and Advancement Act，NTTAA）、《联邦参与制定和采用自愿一致标准及合格评定活动》（OMB A－119）、《2004 标准制定组织推动法案》（公法 108－237）（H. R. 1086）、《美国联邦法规》第 51 部分—参引合并（CFR part 51－Incorporation by Reference）。NTTAA 规定美国公权力部门应原则上采用非政府标准以实现公权力部门的职责。1998 年修订的 OMB A－119 作为行政法规，进一步指导各政府机构采用非政府标准。《2004 标准制定组织推动法案》豁免私营标准组织从事正当

① 参见刘春青、于婷婷：《论国外强制性标准与技术法规的关系》，载《科技与法律》2010 年第 5 期。

② 参见周宇：《美国标准与法律融合研究》，厦门大学出版社 2022 年版，第 281 页。

标准化活动中的反垄断责任与不正当竞争责任。

（三）保障法律引用标准的实践

技术标准的运用已成为现代行政法治的基本精神，[①]我国目前法律引用标准主要集中于环境保护、工程建设、医药卫生等领域，且多为强制性标准，这与我国早期的标准化战略密不可分。2021年，《国家标准化发展纲要》提出“标准运用由产业与贸易为主向经济社会全域转变”，明确了农业、工业、服务业和社会事业领域标准化的地位作用。随着标准化政策导向的转变，应当适时拓宽加深法律引用标准的实践，如消费品、金融、行政管理、社会治理、公共服务等领域。

五、加大法律对标准的支持力度

通过法律保障标准制定、实施、监督管理，促进标准化和法制共同发展，更加有效助力国家综合竞争力提升，促进经济社会高质量发展，在构建新发展格局中发挥更大作用。

（一）加快制修订《标准化法》下位法

我国《标准化法》2017年修订之后，一些配套法规规章、地方标准化法规规章、规范性文件等下位法没有及时修改，出现了一些上位法与下位法不一致的情况，影响法制统一，亟须加快修订进程。同时，需要根据2017年《标准化法》的变化出台一些新的配套法规规章、规范性文件等，构建完善标准化法律体系，促进标准化发展。

（二）强化对标准的支持

强化特定领域法律对标准的支持，如《食品安全法》《环境保护

---

① 参见关保英：《论行政法中技术标准的运用》，载《中国法学》2017年第5期。

法》等。胡佳认为,我国的环境标准主要还是作为环境执法的依据,以面向生产为主,主要规定产品中的环境要求和生产过程中污染物排放的限制,对如何用环境标准为贸易服务、如何促进企业突破别国的“绿色贸易壁垒”,提高企业在国际市场上的竞争能力等方面缺乏法制的支撑。[①]

(三)加强法律对标准国际化的保障

放眼国际,各国依据的标准不一致,一些国家甚至将其作为贸易保护主义的一种手段,这对发展中国家的出口十分不利。WTO/TBT 协议中规定:“各成员国依据现有的国际标准制定其国家的技术法规或法规中的有关部分,除非这些国际标准对达到该成员追求的合法目标无效或不适当,例如由于气候、地理因素或基本技术问题。”在 2000 年前后,美国、日本、欧盟等国家和地区就通过“知识产权标准化战略”相关报告,这些报告遵行“专利标准化—标准国际化—国际标准贸易化”的发展模式。随着技术标准在国际贸易中的影响日益深远,亟须通过法律来支持、保障国际标准化工作,推动标准化工作由国内驱动向国内国际相互促进转变,进而在国际贸易中占据更有利的位置。

① 参见胡佳、刘中梅:《环境管理标准体系 ISO14000 与环境法制完善》,载《佳木斯大学社会科学学报》2006 年第 5 期。

第六章　专题比较

第一节　食品安全

食品安全关乎人类生存与发展，制定严谨的法律和实施周密的标准是食品安全的重要保证，法律规制食品安全“应该做”，标准规范食品安全“怎么做”。

《食品安全法》《产品质量法》《标准化法》等法律，《食品安全法实施条例》等行政法规、《食品生产经营监督检查管理办法》《食品安全抽样检验管理办法》等部门规章，《上海市食品安全条例》《浙江省食品小作坊小餐饮店小食杂店和食品摊贩管理规定》等多部地方性法规，以及《食品药品监管总局关于发布〈食用油脂中辣椒素的测定〉食品补充检验方法的公告》《国家卫生计生委食品司关于松露适用标准有关问题的复函》等行政规范性文件，共同构建了我国现有食品安全法律体系。

《食品安全法》正文中“标准”一词出现 108 次，是全部法律文本中提到“标准”次数最多的一部，第三章专章规定食品安全标准,[1]条文多达 9 条。罗列其中数条,如第二十五条规定“食品安全标准是强制执行的标准”;第二十七条第一款规定“食品安全国家标准由国务院卫生行政部门会同国务院食品安全监督管理部门制定、公布,国务院标准化行政部门提供国家标准编号”;第二十九条规定“对地方特色食品,没有食品安全国家标准的,省、自治区、直辖市人民政府卫生行政部门可以制定并公布食品安全地方标准,报国务院卫生行政部门备案。食品安全国家标准制定后,该地方标准即行废止”;第三十条规定“国家鼓励食品生产企业制定严于食品安全国家标准或者地方标准的企业标准,在本企业适用,并报省、自治区、直辖市人民政府卫生行政部门备案”。

《食品安全法》架构下,食品安全标准有强制性食品安全国家标准、强制性食品安全地方标准、效力性食品安全企业标准三种,其中强制性食品安全地方标准属于例外于《标准化法》原则规定的一类标准。《标准化法》第十条第一款规定“对保障人身健康和生命财产安全、国家安全、生态环境安全以及满足经济社会管理基本需要的技术要求,应当制定强制性国家标准”,第五款规定“法律、行政法规和国务院决定对强制性标准的制定另有规定的,从其规定”。强制性食品安全地方标准属于《食品安全法》另作规定的一类标准。根据《标准化法》第十二条和第十八条的规定,除国家标准、地方标准、企业标准外,食品标准还有行业标准、团体标准。

国家卫生健康委员会食品安全标准与监测评估司发布的《食品安全国家标准目录》显示,截至 2024 年 3 月,我国已制定发布 1610 项食品安全国家标准,包括通用标准 15 项、食品产品标准 72 项、特殊膳食食品标准 10 项、食品添加剂质量规格及相关标准 643

---

① 参见柳经纬、许林波:《法律中的标准——以法律文本为分析对象》,载《比较法研究》2018 年第 2 期。

项、食品营养强化剂质量规格标准75项、食品相关产品标准18项、生产经营规范标准36项、理化检验方法标准256项、寄生虫检验方法标准6项、微生物检验方法标准45项、毒理学检验方法与规程标准29项、农药残留检测方法标准120项、兽药残留检测方法标准95项、被替代(拟替代)和已废止(待废止)标准190项,初步构建起覆盖从农田到餐桌的食品安全标准体系。

截至2024年4月,行业标准信息服务平台检索标题含“食品”的标准,结果如下:现行标准1495项,如《出口食品中氟啶虫胺腈残留量的测定》(SN/T 5362—2021);地方标准信息服务平台检索标题含“食品”的标准,地方标准约有991项,如《绿色食品　高山茄子栽培技术规程》(DB 50/T 1345—2023);全国团体标准信息平台检索标题含“食品”的标准,团体标准1281项,如《外卖食品包装用封口标签》(T/CPF 0049—2022);企业标准数量更多,如烟台富美特信息科技股份有限公司制定的《食品及其加工环境采样通则》(Q/FMT 0011 S—2022)。还有一些标题中不含“食品”的食品标准,如行业标准《生咖啡》(NY/T 604—2020),地方标准《畜禽产品质量安全监测抽样技术规范》(DB37/T 4572—2022),团体标准《预制小龙虾产品贮运流通技术规范》(T/CI 001—2023),企业标准惠州市哎丫好食品有限公司《食用威化纸》(Q/AYH 0001 S—2021)。

对食品标准与法律进行分析,可说明食品领域标准与法律的关系,发现食品标准与法律的不足,为完善食品标准体系和法律体系提供参考,更全面地揭示标准与法律的关系。

一、法律法规引用食品安全标准

(一)法律法规引用食品安全标准的模式

法律法规引用标准有直接和间接两种方式。美国、英国、日本、俄罗斯和欧盟等国家和地区，法律法规引用标准已成为普遍现象。通常采用国际标准化组织、国际电工委员会发布的《公共政策中使用和引用ISO和IEC标准》中规定的直接引用或间接引用的方式。①

我国法律法规引用标准一般采取间接引用方式，即引用标准时概括要求使用某一种或某一类标准。间接引用可以保证法律的稳定性，不必因为标准的改变而重新修订法律。② 食品安全标准的引用也是如此，如《食品安全法》第三十三条第一款第九项规定“用水应当符合国家规定的生活饮用水卫生标准”，此处未指明具体引用哪一个生活饮用水卫生标准，现行有效标准是《生活饮用水卫生标准》（GB 5749—2022），已替代《生活饮用水卫生标准》（GB 5749—2006）。标准修订后法律条文“标准”的指向随之改变，不必另外修改法律，但是这种引用方式会造成法律适用标准的指向不确定等问题。

我国法律体系另一种引用标准的方式是直接将标准纳入法律附件或在条款中直接指明具体标准，有时还引用标准的文本或具体指标，直接引用标准的法律法规较少，在行政规范性文件中较为多见。③ 例如，《上海市焙炒咖啡开放式生产许可审查细则》规定，企业需提供的检验合格报告中“检验项目应包含《食品安全国家标准　食品中污染物限量》（GB 2762）、《食品安全国家标准　食品中农药最大残留限量》（GB 2763）中规定的咖啡豆检测项目以及企业标准规定的全部项目”；《上海市保健食品质量提升行动工作方

---

① 参见国家标准化管理委员会编：《〈国家标准化发展纲要〉解读》，中国标准出版社2022年版。

② 参见柳经纬、许林波：《法律中的标准——以法律文本为分析对象》，载《比较法研究》2018年第2期。

③ 参见蒋怡琴：《论标准在民事裁判中的适用》，载《行政与法》2018年第7期。

案(2022—2024年)》要求"持续推广上海市地方标准《保健食品经营管理规范》(DB 31T1259—2020)"。团体标准也开始进入行政规范性文件中,如《厦门市市场监督管理局关于印发2021年食品安全监管工作要点的通知》提出"按照《厦门市餐饮业客用卫生间清洁卫生示范导则》开展餐饮门店'厕所革命'",文件中提到的《厦门市餐饮业客用卫生间清洁卫生示范导则》(T/XMSSAL 038—2020)就是团体标准。

(二)法律法规实施食品安全配套标准

《国家标准化发展纲要》要求建立政策实施配套标准制度。许多政策文件语句较为模糊,在具体实施时不同人员的不同理解会导致法律法规无法很好地落实。在法律法规制定时积极应用标准,根据标准文件实施法律法规,能够明确法律法规实施细节,为法律法规落地提供技术支撑,保障法律法规按规范统一执行,提升标准化水平。

例如,2020年2月6日,国家市场监督管理总局下发《关于加强食品生产加工小作坊监管工作的指导意见》(国市监食生〔2020〕25号)。宁夏回族自治区根据上述指导意见以及《宁夏回族自治区食品生产加工小作坊小经营店和食品小摊点管理条例》制定食品安全地方标准《食品生产加工小作坊通用卫生规范》(DBS 64/009—2022);2022年4月上海市市场监督管理局发布《关于新冠疫情期间食品生产经营者加强食品安全管理的通告》,要求食品生产经营者严格按照《餐饮服务食品安全操作规范》(DB 31/2024—2014)等食品安全地方标准加工操作,强化对食品加工、配送等各环节过程管理,保证食品安全、卫生。

二、标准吸收食品安全法律法规

根据《标准化工作指南　第3部分:引用文件》(GB/T 20000.3—

2014),标准中不宜引用法律、行政法规、规章和其他政策性文件,但“为了帮助标准使用者正确理解标准而提供的附加信息,可以资料性引用法规”。例如,《广东省中小学校团体供餐生产加工质量管理规范》(T/GDFSPA 0004—2022)资料性引用了《学校食品安全与营养健康管理规定》等规范性文件。

标准吸收法律法规一般有两种方式:一是表明标准以法律法规为依据而制定;二是将法律原则和具体规范转换为标准的内容。[①] 第一种方式常常表现在标准的前言中,如湖北省地方标准《地理标志产品　英山云雾茶》(DB42/T 210—2022)前言写到“本文件根据原国家质量监督检验检疫总局令〔2005〕第78号《地理标志产品保护规定》及GB/T 17924—2008《地理标志产品标准通用要求》制定”,这段话表明该标准的制定以部门规章《地理标志产品保护规定》和相关标准为依据。第二种方式一般体现在标准正文中,如四川省(南充市)地方标准《食品小作坊通用生产规范》(DB5113/T 2—2021)正文规定“从事生产经营活动应当遵守《食品安全法》、《四川省食品小作坊、小经营店及摊贩管理条例》《四川省食品小作坊、小经营店及摊贩管理办法》等相关法律法规的规定,并按相关要求取得备案证”,直接将执行标准需遵守的法律法规写入标准正文之中。

但有些标准格式并不规范,如在规范性引用文件中引入法规。例如,厦门市食品安全工作联合会发布的团体标准《食品生产加工小作坊卫生规范》(T/XMSSAL 045—2021)在“规范引用文件”中将《食品经营许可管理办法》(国家食品药品监督管理总局令〔2015〕第17号)和《福建省食品安全条例》列入。江西省地方标准《餐饮服务提供者“互联网＋明厨亮灶”管理规范》(DB36/T

① 参见柳经纬:《标准与法律的融合》,载《政法论坛》2016年第6期。

1684—2022)“规范性引用文件”中有《餐饮服务食品安全操作规范》(国家市场监督管理总局公告2018年第12号)这一法规。根据《标准化工作导则　第1部分:标准化文件的结构和起草规则》(GB/T 1.1—2020)中9.5.4.4.3规定“起草文件时不应规范性引用法律、行政法规、规章和其他政策性文件,也不应普遍性要求符合法规或政策性文件的条款”。

三、食品安全标准制定和使用中的法律问题

《标准化法》和相关食品安全法律法规对食品安全标准的制定和实施作了规定,有关部门和企业应当按照规定执行。如果有关部门和企业未能按照规定完成食品安全标准制定、实施与监管工作,就可能需要承担民事、行政或刑事责任。

(一)食品安全标准的制定

1. 食品安全标准应依据法律法规制定

食品安全标准的制定应当符合有关法律规定,《标准化法》《食品安全法》等都对食品安全标准制定的程序提出要求。《食品安全法》要求食品安全标准根据食品安全风险评估的结果立即制定或修订,明确规定“食品安全风险评估结果是制定、修订食品安全标准和实施食品安全监督管理的科学依据。经食品安全风险评估,得出食品、食品添加剂、食品相关产品不安全结论的……需要制定、修订相关食品安全国家标准的,国务院卫生行政部门应当会同国务院食品安全监督管理部门立即制定、修订”。2010年联合国粮农组织和世界卫生组织联合食品添加剂专家委员会(Jaint FAO/WHO Expert Committee on Food Additives,JECFA)指出要尽可能降低铅的摄入,并撤销了原有的铅的健康指导值。国际食品法典委员会(Codex Alimentarius Commission,CAC)于2012年启动了食

品中铅限量的修订工作，全面下调铅限量标准，以降低其对人体的健康风险。据此，我国在《食品安全国家标准食品中污染物限量》（GB 2762—2022）的修订过程中依照 CAC“可合理达到的最低原则”调整食品中的铅限量。这是标准修订遵守《食品安全法》的体现。

2. 食品安全标准制定相关法律问题

食品安全标准制定涉及法律问题主要有以下三种情况。

（1）食品安全标准内容与法律法规（或法律法规规定强制执行的标准）要求不符。

我国食品安全标准体系复杂，标准化管理尚不完善，可能出现不符合法律法规规定的情况。《食品安全法》第二十五条规定“食品安全标准是强制执行的标准”，赋予食品安全标准强制效力，企业必须执行。《标准化法》第二十一条第一款规定：“推荐性国家标准、行业标准、地方标准、团体标准、企业标准的技术要求不得低于强制性国家标准的相关技术要求。”食品安全推荐性行业标准、地方标准、团体标准、企业标准的技术要求低于强制性国家标准的，属于违法行为。例如，湖南省《食品安全地方标准　挤压糕点》（DBS43/002—2017）部分内容不符合《市场监管总局关于加强调味面制品质量安全监管的公告》（2019 年第 56 号）中明确的食品安全国家标准要求，国家卫生健康委食品司责令纠正。湖南省随后出台文件《湖南省卫生健康委关于〈食品安全地方标准　挤压糕点〉（DBS43/002—2017）执行期限的通知》（湘卫食品发〔2020〕3 号），废止该项地方标准。

除某些食品安全标准技术指标会低于强制性国家标准外，有的食品安全标准会因缺少部分必要项目而不符合法律要求，如 2021 年 Z 市市场监督管理局对市内自我声明公开企业标准进行监督管理，发现 A 公司的企业标准《肉粉松》（Q/WMS 0001S—2017）

未对技术指标“单核细胞增生李斯特氏菌”作出规定，不符合《食品安全国家标准　预包装食品中致病菌限量》（GB 29921—2021）的要求。

（2）食品安全标准没能及时更新或没有配套的其他关键标准导致执行出现问题。

我国标准从立项到发布往往间隔数年，有的标准立项已久但项目停滞，至今未正式发布，造成无标准可依；有的标准由于制定周期过长，标准发布后实际情况已和制定时不同；有的标准制定时间已久，但未及时复审更新。

根据《标准化法》的规定，标准实施后，制定标准的有关行政主管部门应当对其制定的标准适时进行复审。标准的复审周期一般不超过五年。截至 2024 年 3 月，食品安全国家标准里，其中：72 项食品产品标准只有 8 项是 2020 年及以后发布或修订的，最早的是 2010 年的，有 7 项。这些食品安全国家标准亟须重新审查，并根据科学技术的发展和经济建设的需要进行修订。2020 年及以后发布或修订的这 8 项食品安全国家标准中，《食品安全国家标准　浓缩乳制品》（GB 13102—2022）《食品安全国家标准 再制干酪和干酪制品》（GB 25192—2022）《食品安全国家标准 饮料》（GB 7101—2022）3 项是 2022 年新修订的，《食品安全国家标准 食品加工用菌种制剂》（GB 31639—2023）《食品安全国家标准 茶叶》（GB 31608—2023）《食品安全国家标准 食品加工用植物蛋白肽》（GB 31611—2023）《食品安全国家标准 乳粉和调制乳粉》3 项是 2023 年新修订的。从中也可以看出，相关部门正在积极推进食品安全国家标准的制修订工作。

除食品安全国家标准外，其他类型的食品安全标准也有更新不及时的问题。如《通海无公害萝卜丝》（DB53/T 125.2—2005）对卫生要求应符合《无公害食品　脱水蔬菜》（NY 5184—2002）的规定要求,《无公害食品　脱水蔬菜》(NY 5184—2002)已于2014年1月1日被《关于废止〈无公害食品　葱蒜类蔬菜〉等132项无公害食品农业行业标准的公告》废止,但《通海无公害萝卜丝》(DB53/T 125.2—2005)依然有效,未进行修订。

(3)食品安全企业标准未按照法律要求备案。

《食品安全法》第三十条规定:"国家鼓励食品生产企业制定严于食品安全国家标准或者地方标准的企业标准,在本企业适用,并报省、自治区、直辖市人民政府卫生行政部门备案。"需要说明的是,1988年《标准化法》规定"企业的产品标准须报当地政府标准化行政主管部门和有关行政主管部门备案",而2017年《标准化法》取消了此规定,易造成食品安全企业标准无需备案的误解。《食品安全法》作为食品安全标准管理的特别法,应优先于标准管理的一般法《标准化法》适用,这点需要注意。

食品行业标准和地方标准仍需备案。《标准化法》第十二条第二款规定"行业标准由国务院有关行政主管部门制定,报国务院标准化行政主管部门备案",第十三条第二款规定"地方标准由省、自治区、直辖市人民政府标准化行政主管部门报国务院标准化行政主管部门备案"。以地方标准为例。《地方标准管理办法》(国家市场监督管理总局令第26号)规定"地方标准应当自发布之日起六十日内由省级标准化行政主管部门向国务院标准化行政主管部门备案"。有些地方标准制定发布后未及时备案,如鞍山市地方标准《地理标志产品　腾鳌温泉草莓》(DB2103/T 001—2022)于2022年11月18日批准发布,2023年6月1日备案,远超规定的60日。按照《地方标准管理办法》的规定,处理办法是由国务院标准化行政主管部门要求其说明情况,并限期改正;拒不改正的,由国务院标准化行政主管部门公告废止未备案标准;同时由有权机关对负有责任的领导人员和直接责任人员依法给予处分。

(二)食品安全标准的适用

1. 食品安全标准与食品标准之间、食品安全标准之间适用的混淆

目前我国食品标准类型较多,体系复杂,且大部分法律法规引用食品安全标准时未注明具体标准名称与编号,如同类产品有不同种类食品标准时,容易造成标准适用认定的困扰,有时企业生产和司法裁判难以甄别适用的具体标准。例如,B 公司与吴某信息网络买卖合同纠纷案[(2023)辽 01 民终 3416 号]中,一审法院认为 B 公司生产的白酒不符合食品安全标准,但二审法院认为吴某提出的《清香型白酒标准》(GB/T 10781.2—2006)仅为产品生产标准,并非《食品安全法》第一百四十八条所述的“食品安全标准”,不能以此认定涉案白酒不符合食品安全标准。

有时如何准确认定和适用食品安全标准,会存在不同的理解,也会导致适用认定上的纠纷。例如,C 公司、D 公司等产品责任纠纷案[(2022)鲁 02 民终 12194 号]中,一审法院认为案涉产品“活莱维乳糖酶滴液饮品”使用乳糖酶违反了《食品安全国家标准　食品添加剂使用标准》(GB 2760—2014)的规定,乳糖酶作为食品添加剂,使用范围限于调制乳、调制乳粉和调制奶油粉、调制炼乳(包括加糖炼乳及使用了非乳原料的调制炼乳等)、稀奶油(淡奶油)及其类似品,而案涉产品不属于上述准许使用乳糖酶的食品类别,认定案涉产品为不符合食品安全标准的食品,被告公司应当承担法律责任。二审法院则认为案涉产品标签上明确标注食用方法为“每次取 0.25 毫升加入乳或乳制品中搅拌均匀食用”,故乳糖酶并非作为食品添加剂添加在饮品中,而是与其他成分混合作为复配食品添加剂销售,应当标注所执行的国家标准而没有标注,但标签上明确标注了食用方法,所以不会对消费者产生误导,仅是标签瑕

疵，故撤销一审的民事判决。

2. 产品不符合食品安全标准

《食品安全法》第二十五条规定："食品安全标准是强制执行的标准。除食品安全标准外，不得制定其他食品强制性标准。"这一条款赋予了食品安全标准强制性的法律效力。《食品安全法》第一百二十三条、第一百二十四条规定了生产、经营不符合食品安全标准产品的法律责任，如违反则会被追究民事、行政或刑事责任。

产品不符合食品安全标准，有的是生产销售的产品确实有食品安全问题；有的是食品实际适用的标准与现行食品安全标准或声明使用的食品安全标准不符，但食品本身没有安全问题。

有的食品不仅使用旧食品标准标识，有关指标也低于新食品标准要求，违反相关食品安全标准规定，应当追究责任。例如，苏某某与Y区市场监督管理局行政纠纷案[（2020）桂0107行初92号]中，案涉食品使用和标示河南省地方标准《调味面制品》（DB41/T 515—2007），其中有关食品添加剂的规定，不符合《食品安全国家标准　食品添加剂使用标准》（GB 2760—2014）的"脱氢乙酸及其钠盐允许使用的食品并不包括方便食品"的规定，属于超范围使用添加剂，因而法院支持苏某某对涉案食品的举报。

有的食品使用旧食品标准标识，产品本身符合新食品标准要求，如果没有其他问题，司法裁判一般不认为是违反食品安全标准，而认为是"标签瑕疵"。例如，E公司与F公司产品责任纠纷案[（2020）鄂民再220号]。该案案涉产品所执行的食品标准《绿茶　第1部分：基本要求》（GB/T 14456.1—2008）已被GB/T 14456.1—2017替代废止，但两个标准中涉及的强制性食品安全标准一致，再审法院认定这属于"标签瑕疵"而非不符合食品安全标准。

还有一些产品，包装上标注食品安全企业标准，经检验发现虽然符合食品安全国家标准,但不符合食品安全企业标准。《食品安全法实施条例》对此规定,要求给予警告,并责令食品经营者停止经营该食品,责令食品生产企业改正;拒不停止经营或者改正的,没收相应食品,并处以罚款。例如,在国家市场监督管理总局组织的2020年食品安全监督抽检中,G食品厂生产的某锅巴(麻辣味)经检验菌落总数符合食品安全国家标准,但不符合食品安全企业标准,X市市场监管局依法对该企业进行了调查,并作出处理。

有些需要复审的食品安全企业标准超期未复审,或食品标准被废止后没有可替代标准,食品生产企业只能按照原有食品标准生产,一旦发生纠纷,不同法院可能出现不同的判决,从而引发更多争议。

第二节 环境保护

保护环境是我国的基本国策。节约资源,保护环境,实行可持续发展战略,可以促进经济持续健康发展,实现社会、经济和生态效益的统一。

为保护环境,实现可持续发展,我国制定多部环境保护法律法规。环境立法为环境保护提供强制性保障,是环境保护的红线。《环境保护法》《大气污染防治法》《水污染防治法》《海洋环境保护法》等法律共同构筑我国环境保护国家法律体系。同时国务院颁布的各类行政法规,如《地下水管理条例》(国务院令第748号)、《环境保护税法实施条例》(国务院令第693号)等;有关部门出台的部门规章,如《生态环境行政处罚办法》(生态环境部令第30号)、《重点管控新污染物清单(2023年版)》(生态环境部、工业和信息化部、农业农村部、商务部、海关总署、国家市场监督管理总局令第 28 号）等；地方立法机构颁布的一系列地方性法规，如《甘肃省自然保护区条例》等；以及其他行政规范性文件，如《浙江省生态环境厅等 17 部门关于开展减少污染天气攻坚行动的通知》（浙环发〔2023〕18 号）等，为我国环境保护法律体系增添血肉。

环境标准在环境法律体系中占有重要地位。依据有关环境保护法律规定制定的环境标准，成为将环境保护落到实处的指路明灯，是群众企业尊法守法、政府执法的重要依据。目前，我国已建成“两级六类”的生态环境标准体系，“两级”指国家和地方两级，“六类”指生态环境质量标准、生态环境风险管控标准、污染物排放标准、生态环境监测标准、生态环境基础标准和生态环境管理技术规范六类标准。其中，前三类标准，以及法律法规规定强制执行的其他生态环境标准属于强制性标准，法律法规未规定强制执行的后三类标准属于推荐性标准。

两级六类标准中，生态环境质量标准有《农田灌溉水质标准》（GB 5084—2021）、保定市地方标准《生活饮用水水质标准》（DB1306/T 207—2022）等；生态环境风险管控标准有《土壤环境质量　农用地土壤污染风险管控标准（试行）》（GB 15618—2018）、四川省地方标准《四川省建设用地土壤污染风险管控标准》（DB51/ 2978—2023）等；污染物排放标准有《医疗废物处理处置污染控制标准》（GB 39707—2020）、北京市地方标准《汽车制造业大气污染物排放标准》（DB11/ 1227—2023）等；生态环境监测标准有《工业污染场地土壤中多环芳烃标准样品》（GSB 07—3906—2021）、《水质　丙烯酸的测定　离子色谱法》（HJ 1288—2023）、辽宁省地方标准《环境空气中二氧化硫测定　被动式吸收采样—离子色谱法监测技术规范》（DB21/T 3359—2021）等；生态环境基础标准有《生态环境损害鉴定评估技术指南　基础方法　第 1 部分：大气污染虚拟治理成本法》(GB/T 39793.1—2020)、《土壤环境　词汇》(HJ 1231—2022)、安徽省地方标准《美丽乡村　农村废弃物分类》(DB34/T 4025—2021)等;生态环境管理技术规范有《生态环境损害鉴定评估技术指南　环境要素　第1部分:土壤和地下水》(GB/T 39792.1—2020)、浙江省杭州市地方标准《城市河道生态清淤管理规范》(DB3301/T 0410—2023)、青岛瑞思德生物科技有限公司《污染物管理程序》(Q/RSD BZ 301.19—2022)等。

我国环境保护有关法律法规广泛引用标准,具有显著的技术性特征,以下就相关法律和标准的关系问题进行论述。

一、法律法规引用标准

(一)法律法规引用标准的模式

环境保护标准具有特殊性,是我国环境保护法律体系的重要组成部分。我国环境保护有关法律法规间接引用标准的情况有很多,如《环境保护法》规定:"向海洋排放污染物、倾倒废弃物,进行海岸工程和海洋工程建设,应当符合法律法规规定和有关标准,防止和减少对海洋环境的污染损害。"其中的"有关标准"指《海洋石油开发工业含油污水排放标准》(已废止)(GB 4914—1985)等标准。

国务院颁布的《地下水管理条例》规定:"县级以上地方人民政府应当根据地下水取水总量控制指标、地下水水位控制指标和国家相关技术标准,合理确定本行政区域内地下水取水工程布局。"其中"国家相关技术标准"对应的是《地下水环境监测技术规范》(HJ 164—2020)等标准。

生态环境部规章《核动力厂管理体系安全规定》(生态环境部令第18号)规定,"确保核动力厂选址、设计、建造、运行和退役等满足核安全法律法规、标准、许可文件的规定和其他安全监管要求”。其中须满足的“标准”包括《反应堆退役环境管理技术规定》（GB 14588—2009）等标准。

甘肃省地方性法规《甘肃省水污染防治条例》（甘肃省人民代表大会常务委员会公告第48号）规定，“排放水污染物，不得超过国家或者本省规定的水污染物排放标准”。其中的“水污染物排放标准”包括《电子工业水污染物排放标准》（GB 39731—2020）、《地方水产养殖业水污染物排放控制标准制订技术导则》（HJ 1217—2023）、甘肃省地方标准《农村生活污水处理设施水污染物排放标准》（DB62/ 4014—2019）等各行业、各区域的水污染物排放标准。

我国环境保护领域的法律法规直接引用标准的相对于其他领域的法律法规多。直接引用标准有两种形式：一种只是指明了具体的标准，如浙江省生态环境厅发布的规范性文件《浙江省生态环境厅关于在杭州市富阳区执行重点重金属污染物特别排放限值的通告》（浙环发〔2023〕3号）对富阳区铅锌冶炼和铜冶炼行业企业的一些重点重金属污染物特别排放进行规定，要求执行《铅、锌工业污染物排放标准》（GB 25466—2010）及修改单、《铜、镍、钴工业污染物排放标准》（GB 25467—2010）及修改单和《再生铜、铝、铅、锌工业污染物排放标准》（GB 31574—2015）三项国家标准。浙江省生态环境厅等多部门发布《关于进一步提升医疗机构污水治理能力的实施意见》（浙环发〔2022〕6号），要求传染病医疗机构和20张床位及以上的医疗机构，对照《医疗机构水污染物排放标准》（GB 18466—2005）和《医院污水处理工程技术规范》（HJ 2029—2013）两项国家和行业标准，对医院污水收集处理情况进行排摸。浙江省生态环境厅发布的《浙江省重金属污染防控工作方案》（浙环发〔2022〕14号）要求专业电镀园区、专业电镀企业严格执行浙江省地方标准《电镀水污染物排放标准》（DB33/ 2260—2020），推进重金属污染深度治理。承德市生态环境局发布的《关于聘请第三方专业技术团队为我市涉挥发性有机物企业编制“一厂一策”治理方案项目的采购公示》,要求全市涉挥发性有机物企业参照《挥发性有机物综合治理一厂一策编制技术指南》(T/ACEF006—2020)这一团体标准“开展‘一厂一策’治理方案的编制工作并通过专家评审”。

另一种直接引用的形式不仅指明具体标准,还“将标准的具体文本或具体指标引进法律”[①],如浙江省有关部门发布的《浙江省纺织印染(数码喷印)绿色准入指导意见(试行)》对单位产品排水量标准要求“按照《纺织染整工业水污染物排放标准》(GB 4287—2012)表3中相关限值要求的30%控制”,分别将有关标准的具体指标直接引入法律法规中。

(二)法规实施配套标准

法规与标准的关系密不可分,尤其是在以不同形式引用了众多标准的环境保护法规中,为法规实施制定配套标准是必不可少的程序。2021年5月,浙江省发展和改革委员会、省生态环境厅印发《浙江省空气质量改善“十四五”规划》,提出“制修订化纤、制药、汽修、纺织染整、工业涂装、水泥、锅炉等地方大气污染物排放标准,制定重点行业VOCs污染防治和低VOCs含量原辅材料源头替代的技术指南(规范)”的计划。2022年12月,为这一计划配套制定的浙江省地方标准《化学纤维工业大气污染物排放标准》(DB33/ 2563—2022)发布,为浙江省空气质量改善有关政策落实提供实施细则。

① 柳经纬:《标准与法律的融合》,载《政法论坛》2016年第6期。

（三）法规滞后

法规直接引用标准时，由于载录了标准的具体名称，可能会出现标准更新而引用了该标准的法律未更新的情况，如《海洋石油勘探开发环境保护管理条例实施办法》引用的《船舶污染物排放标准》（GB 3552—1983）和《海洋石油开发工业含油污水排放标准》（GB 4914—1985）两个标准已经失效，被《船舶水污染物排放控制标准》（GB3552—2018）和《海洋石油勘探开发污染物排放浓度限值》（GB 4914—2008）两个标准代替，但该实施办法并未同步修订。而且，针对这样的情况，我国目前也没有明确的处理办法，使得法律与标准的适用产生矛盾。

法律滞后不仅会与标准产生矛盾，还会阻碍标准的发展。我国环境保护领域很长一段时间对环境与健康管理并不关注，有关标准的制定也一直不受重视，直到 2014 年修订的《环境保护法》首次将环境与健康管理的内容在法律中予以明确，2017 年有关部门发布《人体健康水质基准制定技术指南》（HJ 837—2017）和《环境与健康现场调查技术规范　横断面调查》（HJ 839—2017）两项标准，环境与健康标准才正式纳入国家环境保护标准体系。

（四）执法不严

环境保护法律对违法情况执法不严、处罚不够，有时也导致标准形同虚设。2020 年 9 月 1 日起，被视为“史上最严”的《固体废物污染环境防治法》正式施行，其中在法律责任方面，对违法行为实行严惩重罚，提高罚款额度，增加处罚种类，强化处罚到人，同时补充规定一些违法行为的法律责任。但实施上存在地方上落实不够的问题。

二、标准吸收法律法规

标准吸收法律法规主要是以资料性引用的形式，可以具体分为表明标准以法律为依据而制定、将法律的原则和具体规范转换为标准的内容两种。

（一）表明标准以法律为依据而制定

表明标准以法律为依据而制定，一般是在标准的前言或引言中对依据的法律进行说明，将该法律的原则和精神贯彻于标准文本中。例如，《生态环境损害鉴定评估技术指南　环境要素　第1部分：土壤和地下水》（GB/T 39792.1—2020）“前言”规定：“为贯彻《中华人民共和国民法典》《中华人民共和国环境保护法》《生态环境损害赔偿制度改革方案》，保护土壤和地下水环境，保障公众健康，规范涉及土壤和地下水的生态环境损害鉴定评估工作，制定本标准。”

行业标准《医疗废物化学消毒集中处理工程技术规范》（HJ 228—2021）“前言”规定：“为贯彻《中华人民共和国环境保护法》《中华人民共和国固体废物污染环境防治法》和《医疗废物管理条例》等法律法规，防治环境污染，改善生态环境质量，规范医疗废物化学消毒集中处理工程的建设和运行，制定本标准。”

北京市地方标准《印刷工业大气污染物排放标准》（DB11/1201—2023）“引言”规定：“为贯彻《中华人民共和国环境保护法》《中华人民共和国大气污染防治法》和《北京市大气污染防治条例》，防治印刷工业大气污染，改善北京市大气环境质量，促进印刷工业技术进步和可持续发展，制定本文件。”该标准的制定不仅将相关国家法律精神贯彻其中，还引入了本市地方性法规。

湖南省环境科学学会发布的团体标准《环境噪声自动监测系

统安装、验收及运行维护技术规范》（T/HSES 0001—2023）“前言”规定：“为贯彻执行《中华人民共和国环境保护法》和《中华人民共和国噪声污染防治法》，规范环境噪声自动监测系统的安装验收及运行维护过程，提升湖南省声环境监测能力，制定本标准。”

（二）将法律的原则和具体规范转换为标准的内容

将法律的原则和具体规范转换为标准的内容，即在标准正文中直接引用相关法律法规，要求遵守某些标准或标准中的某一部分。例如，国家标准《矿物棉工业大气污染物排放标准》（GB 41617—2022）要求企业按照有关法律、《环境监测管理办法》等规定进行污染物监测。

行业标准《医疗废物消毒处理设施运行管理技术规范》（HJ 1284—2023）规定“按照《危险废物经营许可证管理办法》要求设置相应的环境工程专业或者相关专业的技术人员”。

江苏省地方标准《城镇污水处理厂污染物排放标准》（DB32/4440—2022）要求城镇污水处理厂按照《污染源自动监控管理办法》和排污许可证安装使用污染物排放自动监测设备，并依照有关法律及《排污许可管理条例》的规定对排污情况进行监测。

中国环境科学学会发布的团体标准《建设项目竣工环境保护验收效果评估技术指南　污染影响类》（T/CSES 89—2023）在“评估原则”中规定，验收依据文件主要有《建设项目环境保护管理条例》《建设项目竣工环境保护验收暂行办法》等环境保护管理文件。

蜀道投资集团有限责任公司制定的企业标准《四川高速公路建设生态环境保护指南》（Q/SD. 20. 3. 01—2023）制作的高速公路建设生态环境风险识别及防控建议清单中，“未依法报批建设项目环境影响报告书、报告表”这一风险问题的政策法规依据是“《中华人民共和国环境影响评价法》第二十五条”，风险后果则参照“《中华人民共和国环境影响评价法》第三十一条”。

三、标准制定和使用中的法律问题

（一）标准制定

1. 依据法律制定标准

法律是标准制定的基石，标准需要依据有关法律规定来制定。2020年修订的《固体废物污染环境防治法》对危险废物贮存污染防治提出了明确要求。2021年5月，国务院办公厅印发的《强化危险废物监管和利用处置能力改革实施方案》，明确要求修订危险废物贮存等污染控制标准规范。据此，2023年1月，生态环境部批准《危险废物贮存污染控制标准》（GB 18597—2023代替GB 18597—2001）。

2. 标准未按照法律要求备案

地方标准应当在标准发布或修订后及时向生态环境部备案。经查询，有一些环境保护地方标准并未及时备案，如湖南省地方标准《水环境中12种毒品及其代谢物、人口标记物检验方法　总则》（DB43/T 2199—2021）发布于2021年11月，但一直到2023年3月才备案。

3. 标准缺失与滞后

尽管我国环境保护标准众多，但仍有许多缺失的方面，如我国环境保护标准体系中，常常只有环境质量标准而缺少污染防治标准和污染修复标准。我国对环境修复有关研究起步较晚，一直到20世纪末，周启星首先提出了“环境修复”[①]的概念，然而直到现在，有关环境修复的标准也比较少。

---

① 参见周启星、刘家女、薛生国：《污染环境修复实践与案例》，化学工业出版社2021年版。

环境标准样品是环境监测中用于校准和检定环境监测分析仪器、评价和验证环境监测分析方法或确定其他环境样品的特性值的环境样品或材料，是保证环境监测数据准确可靠的重要支撑。我国目前所有的环境标准样品大部分为单一化合物，且主要运用于水体，有关空气、土壤等方面的环境标准样品较少，且一度依赖进口，环境标准样品标准不够完善，一定程度上制约了我国环境管理和监督工作。

保护环境不仅需要控制污染排放，也需要对“废物”进行合理回收利用，而我国现有标准对这一方面的关注也较少。例如，在粉煤灰的综合利用方面，《固体废物污染环境防治法》要求制定相应的综合利用标准，《国家工业固体废物资源综合利用产品目录》几乎罗列了目前粉煤灰所有可利用的方法，但实际上有关粉煤灰的标准中，涉及利用类型集中于建材领域，对其他领域的标准关注较少，相关标准较有关法规落后。

由于社会与科学技术的不断发展，标准也需要与时俱进，及时修订、更新。又由于标准存在一定滞后性，标准的及时更新也就显得更为重要。尤其在环境保护方面，修复环境比破坏环境更加费时费力，有关修复环境标准更加需要赶上发展的步伐。

例如，上海市地方标准《黄浦江两岸滨江公共环境建设标准》（DB31/T 317—2004）颁布实施于2004年，作为我国国际经济、金融、贸易、航运、科技创新中心，上海市20年来经济社会发展始终处于我国前列，黄浦江两岸变化巨大，但一直没有新的标准，无法满足现今建设管理需求。

《地表水环境质量标准》（GB 3838—2002）于2002年制定，至今未修订，虽然2009年环境保护部办公厅发布征集对修订《地表水环境质量标准》意见的通告，但至今没有后文。《地表水环境质量标准》（GB 3838—2002）给予不同地表水环境质量统一的标准，然而我国幅员辽阔，不同区域自然环境、社会环境等情况差异较大，该标准没有根据我国不同地区的具体情况设立标准，使得实际执法中出现“欠保护”或“过保护”的情况，不利于环境的监管与治理。

4. 标准可行性低

我国的一些环境保护标准或是参考某些国际标准制定，或是未根据实际情况从对人体的实际危害程度和种类等角度进行分析，以至于标准内部分条款与我国实际情况不相符，导致标准可行性低，不能很好地对环境保护产生作用，也造成有时难以进行针对性地执法。例如，目前对水环境容量控制，主要是按枯水期的流量计算，以保证旱季河道水质达标。然而，河流的水文条件是动态变化的。当丰水期水量上升时，依旧使用枯水期时的水环境容量标准进行控制的污染物总量，就会导致水环境被“过保护”，浪费一部分水环境的纳污能力。[①] 监管部门在执法时，如果按照该标准对丰水期河道进行管理，就会出现执法过严的情况，但如果不按照标准管理就会让标准“束之高阁”，无论哪种情况，都不利于环境保护。

（二）标准使用

环境保护法律和标准之间有着特殊的关系，在环境保护标准使用中，其与法律的碰撞，一方面，体现在标准和法律之间的关系上；另一方面，体现在行政处罚和司法判决中。

1. 标准与标准、标准与法律的冲突

由于我国环境标准体系复杂，同一类环境问题的不同方面或不同层级间可能有许多不同的标准。这些不同的标准有可能有条

① 参见王卫平：《九龙江流域水环境容量变化模拟及污染物总量控制措施研究》，厦门大学2007年博士学位论文。

文冲突的情况，导致企业和监管部门无所适从。

例如，《地表水环境质量监测技术规范》（HJ 91.2—2022）修订前，《地表水环境质量标准》（GB 3838—2002）对水质监测的要求是“水样采集后自然沉降30min，取上层非沉降部分按规定方法进行分析”，但《地表水环境质量监测技术规范》（HJ 91.2—2022）中有关描述与此有出入，造成监测部门标准使用的困难，《地表水环境质量监测技术规范》（HJ 91.2—2022）对这一部分进行修改了和完善。

2. 不满足标准

环境保护常见违法违规行为有不按照法律和标准非法运营、非法排污、超标排放、未批先建、非法处置等。其中最常见的是单位或个人不依照有关标准进行建设或排污。

污染物超标排放常常会对生态环境以及人体健康造成巨大影响和危害。例如，王某、I公司环境污染责任纠纷案[（2022）鲁1327民初633号]中，I公司生产行为产生的噪声给原告王某的正常生活造成一定的困扰，法院经审理后酌情认定被告每年给予原告一定精神损害赔偿金。

企业涉及污染物排放的需要有关部门批准才能建设，并且严格按照有关标准进行污染物处理和排放。2023年J公司未批先建、通过暗管超标排放废水案中，J公司有4座猪舍未办理环评审批手续且尚未验收，且排放的一部分养殖废水超过《畜禽养殖业污染物排放标准》（GB 18596—2001）规定的排放限值，涉嫌违反《环境影响评价法》、《水污染防治法》和《建设项目环境保护管理条例》，U市生态环境局下达责令整改通知书，对违法行为处以罚款，同时将案件移送公安机关进一步调查。

环境监测方法标准，是指为监测环境质量和污染物排放，规范采样、分析、测试、数据处理等技术所制定的国家环境监测方法标准。严格执行环境监测方法标准是实施环境保护法律、法规的基本保证。如果未能严格按照环境监测方法标准进行环境监测，那么其检测结果就不可信。

违反环境监测方法标准，不严格按照既定程序执行，或伪造、篡改监测数据，弄虚作假的，需要承担法律责任。例如，K公司未按环境监测标准和技术规范对样品进行分析和计算，废水中悬浮物数据严重失真，臭气样品未经嗅辨出具监测报告，T市生态环境局对此作出责令停业整顿并罚款的行政处罚[沪0100环罚(2022)40号]，并对主要负责人王某某处以罚款[沪0100环罚(2022)41号]。

3. 环境“过保护”

行政处罚不仅需要考虑是否依照标准执行，还要考察实际对环境、生态以及人类健康的影响，否则会出现“过保护”的情况。例如，H加油站诉W区环境行政执法支队、W区生态环境局不服行政罚款案[(2021)渝02行终10号]中，H加油站未按当地环保部门要求及时完成防止对地下水污染的改造，违反了相关法律，W区环境行政执法支队、W区生态环境局对其作出处罚。但在行政处罚作出前，H加油站已完成相关改造，并取得安评报告及审查意见，根据相关法律法规规定，行政部门在此情况下应当适当减轻处罚，故法院审理认为W区环执支队行政处罚数额明显不当，存在处罚过严的情况。

2022年12月，V市生态环境综合行政执法人员发现本市一家医院排放的污水超过执行的排放标准，调查后发现污水超标排放的原因是污水处理设施风机跳闸，且运维人员因感染新型冠状病毒没有及时到站进行运维，发现问题后运维人员及时到达现场并进行了处理。鉴于该医院的行为未对外环境造成明显危害后果，系初次违法且无主观故意并积极整改，加上新冠疫情因素的影响，

V市生态环境局决定按照《关于公布生态环境违法行为免予处罚事项清单的通知》(豫环办〔2021〕68号)等文件要求,依据《河南省生态环境行政处罚裁量基准》相关规定,对其免予行政处罚。

第三节 知识产权

知识产权涉及专利、商标、地理标志、集成电路布图设计等多个方面,在"知识产权"领域,标准与法律的融合主要体现为两种形式:一是与"知识产权"本身有关的标准与法律,这一类的标准文件较少;二是标准中涉及的知识产权问题,散见于不同标准文件中。

与知识产权有关的国家法律主要有《著作权法》《专利法》《商标法》等,行政法规有《关于发布〈地理标志专用标志使用管理办法(试行)〉的公告》(国家知识产权公告第354号)等,部门规章有地方性法规《江苏省知识产权促进和保护条例》等,另外还有一些其他规范性文件,如《国家知识产权局知识产权信用管理规定》《宣城市知识产权领域信用分级分类管理办法(试行)》。

与知识产权本身有关的标准较少,如国际标准《创新管理——知识产权管理指南》(ISO 56005:2020),国家标准《专利导航指南》(GB/T 39551—2020)、《知识产权文献与信息　分类及代码》(GB/T 21373—2023),行业标准《电力专利价值评估规范》(DL/T 2138—2020)、《专利代理人代码标准》(ZC 0002—2001),地方标准《专利侵权纠纷行政裁决庭审规范》(DB32/T 4465—2023),团体标准佛山市专利代理协会《专利价值度评估规范》(T/FSPAA 001—2023),企业标准菀草逸(云南)企业管理有限公司《知识产权服务》(Q/YCY 001—2022)、株洲宏大高分子材料有限公司《专利管理工作规则》(Q/430211HD 003—2022)。

另外,一些其他领域的标准也会涉及一些知识产权的内容,如北京市地方标准《道路尘负荷车载移动监测与评价技术规范》(DB11/T 1926—2021)涉及"基于车载仪器的路面积尘负荷测量系统"专利(证书编号 ZL201320508021.5),江苏雅博动物健康科技有限责任公司企业标准《宠物营养补充剂　彼悦　U 益活力专利益生菌》(Q/321282CBD990—2022)涉及"一种宠物用益生菌颗粒制剂及其制备方法"(CN201711154549.6)等专利。

一、法律法规引入标准

知识产权有关法律法规提及"标准"的并不多,且不少是非标准化意义的"标准",如奖励标准等。大多数知识产权法律法规引入的标准都是不特指的。

一些知识产权法律法规要求制定一定的行业标准,并且按照相应标准执行。例如,《商标法》规定:"商标代理行业组织应当按照章程规定,严格执行吸纳会员的条件,对违反行业自律规范的会员实行惩戒。"此处涉及的"标准"包括广东商标协会团体标准《商标代理从业人员执业管理规范》(T/GDTA 003—2021)、湖南省商标品牌协会团体标准《商标代理行业管理规范》(T/HNSSBPPXH 0002—2022)等一系列各级标准。

《专利代理管理办法》规定:"专利代理行业组织应当制定专利代理行业自律规范,行业自律规范不得与法律、行政法规、部门规章相抵触。专利代理机构、专利代理师应当遵守行业自律规范。"专利代理行业自律规范有首都知识产权服务业协会发布的团体标准《专利代理流程管理师职业技能等级培训与考核规范》(T/CIPSA 001—2023)等。

《地理标志产品保护规定》规定:“获准使用地理标志产品专用标志资格的生产者,未按相应标准和管理规范组织生产的,或者在2年内未在受保护的地理标志产品上使用专用标志的,国家质检总局将注销其地理标志产品专用标志使用注册登记,停止其使用地理标志产品专用标志并对外公告。”与地理标志产品专用标志有关的标准有朝阳市地方标准《地理标志产品 喀左陈醋》(DB2113/T 0006—2023)等。

《上海市知识产权保护条例》规定:“行业组织应当加强自律管理,建立健全知识产权维权保护规范,将知识产权保护内容纳入团体标准和示范合同文本……知识产权部门应当支持知识产权服务行业组织发展,推动建立行业服务标准,提升服务能级,提高服务质量。”

《北京市知识产权信息公共服务体系建设行动方案(2022—2024年)》规定:“充分发挥国家知识产权国际合作基地(北京)的作用,积极参与知识产权信息国际交流研讨活动、推广信息服务的国际标准和先进经验。”其中提到的相关国际标准指《信息技术·多媒体框架(MPEG—21)·第4部分:知识产权管理和保护资料》(ISO/IEC 21000—4:2006)等国际标准。

国际标准化组织标准必要专利治理实践包括以下几点。

1. 国际标准化组织(ISO)、国际电工委员会(IEC)、国际电信联盟(ITU)三大国际标准组织的标准必要专利治理实践

(1)国际标准化组织、国际电工委员会、国际电信联盟三大国际标准组织联合发布专利政策。

在国际层面,有关标准必要专利的政策主要由国际标准化组织、国际电工委员会、国际电信联盟三大国际标准组织、区域标准组织、国际性专业标准化组织等来制定。2006年3月,国际标准化组织、国际电工委员会、国际电信联盟三大国际标准组织联合发布的《ITU-T/ITU-R/ISO/IEC 共同专利政策》(Common Patent Policy for ITU-T/ITU-R/ISO/IEC,以下简称《共同专利政策》),就涉及标准的专利信息的披露、专利技术许可等内容提出了原则性的要求,旨在确保全球范围内技术和系统的兼容性。《共同专利政策》的发布统一了三大国际标准组织的专利披露原则和许可承诺原则,明确了三大机构在标准必要专利问题上的立场,为世界各国的标准化组织制定其自身的专利政策提供了重要参考和准则指引。主要情况如下:

在专利信息披露方面,《共同专利政策》规定参与标准制定者应尽早披露其所有已知的专利信息,即参与标准组织工作的任何一方从在制定标准的一开始就应注意该组织自身或其他组织的任何已知专利,或任何已知正在申请中的专利,无论该专利是否由该参与者持有,但不对参与者披露专利的有效性、权威性及必要性进行审查等内容。

在专利技术许可方面,《共同专利政策》规定标准必要专利权人需基于公平、合理,无歧视原则(以下称 FRAND 原则)作出专利权许可承诺,并提供了 3 种主要许可承诺方式供其选择:一是标准必要专利权人愿意在 FRAND 的条件下与标准实施方就免费使用许可的问题进行协商谈判;二是标准必要专利权人愿意在 FRAND 的条件下与标准实施方就有偿使用许可的问题进行协商谈判;三是不愿意许可其必要专利权。同时,《共同专利政策》强调,如果标准必要专利权人不选择前两种许可方式,那么相关专利将不被纳入标准当中。在上述基础上,《共同专利政策》强调标准必要专利权人必须填写书面的"专利声明和许可使用声明表"并提交。

(2)国际标准化组织、国际电工委员会、国际电信联盟三大国际标准组织持续更新《共同专利政策》配套实施指南。

国际标准化组织、国际电工委员会、国际电信联盟三大国际标准组织在发布《共同专利政策》之后,又分别在 2007 年 3 月、2012 年 4 月、2015 年 6 月、2018 年 11 月与 2022 年 12 月配套发布了五版《ITU-T/ITU-R/ISO/IEC 专利政策实施指南》(以下简称《专利政策实施指南》),作为《共同专利政策》的实施细则,旨在因时制宜地对标准必要专利问题新动向作出修改、调整和完善。

《专利政策实施指南》对相关术语、专利信息披露和专利许可等内容作出细化规定,旨在阐明和促进《共同专利政策》的实施,即在出现专利权问题时,用简明的语言向参与标准制定的主体提供具有可操作性的规则指导。其中,2022 年版《专利政策实施指南》介绍了国际电信联盟、国际标准化组织、国际电工委员会这三大国际标准组织专利政策的宗旨,即鼓励尽早披露和确定可能与编制中的标准相关的专利,并提高标准制定效率,避免潜在的专利权纠纷,并对“免费”“组织”“专利权人”等术语进行解释,规定了专利披露的要求,规定了专利说明和使用许可声明表格、专利信息数据库及专利权的转让或转移等内容。主要情况如下:

在专利信息的披露方面,《专利政策实施指南》在《共同专利政策》的基础上细化了“从一开始”的含义,即“从一开始”意味着在标准的制定过程中尽早披露专利信息。此外,《共同专利政策》还规定应本着诚意并尽最大努力提供该信息,但不要求进行专利检索等内容。

在专利技术的许可方面,《专利政策实施指南》在《共同专利政策》的基础上展示了许可声明表,并要求标准必要专利权人提供允许专利识别的附加信息等内容。

在专利技术转让方面,《专利政策实施指南》在《共同专利政策》的基础上规定专利权人在转让其专利权时应在相关文件中注明适当的规定,以确保其作出的许可声明对受让人具有约束力等内容。此外,《专利政策实施指南》还额外就标准必要专利的回授(互惠)许可进行了相关规定,将“互惠许可”定义为:当潜在被许可人同意为实施同一标准而免费或者以合理条款和条件许可其专利时，专利权利人将被要求向潜在被许可人授予许可。

2. 欧洲等区域标准组织的标准必要专利治理实践：立足欧洲面向国际制定实施标准必要专利政策

欧洲标准化体系主要由欧洲标准化委员会、欧洲电工标准化委员会和欧洲电信标准委员会等区域标准组织构成，这三大欧洲标准组织相互支撑、互为补充，负责欧洲区域标准的制定，同时他们也发布了有关标准必要专利的政策，在欧洲实施标准必要专利的相关治理。

(1)欧洲标准化委员会、欧洲电工标准委员会修订发布《CEN和CENELEC指南8：标准化和知识产权》。

欧洲标准化委员会是欧洲的区域标准组织，是独立的、非营利性的非政府组织，由国家标准机构作为国家成员参加。欧洲标准化委员会成立于1961年，总部设在比利时布鲁塞尔。欧洲标准化委员会主要在欧洲电工标准委员会和欧洲电信标准委员会之外的领域开展标准化活动，如机械工程、建筑和土木工程、燃气用具、卫生保健等。其宗旨在于促进国家标准机构之间的标准化协作，积极推行ISO标准，制定本地区需要的欧洲标准(EN)，并推行合格评定(认证)制度。欧洲电工标准委员会则是欧洲的区域标准组织，也是独立的、非营利性的非政府组织，由国家委员会作为国家成员参加，国家成员构成与欧洲标准化委员会一样。欧洲电工标准委员会成立于1972年，总部设在比利时布鲁塞尔。欧洲电工标准委员会主要负责制定电子电工领域的欧洲标准(EN)。其宗旨是协调各国家成员的电工电子标准，实施电工电子产品的合格评定(认证)制度。

在标准必要专利治理实践方面，欧洲标准化委员会和欧洲电工标准委员会于2019年联合发布了《CEN和CENELEC指南8：标准化和知识产权》修订版，旨在规范欧洲标准化组织制定、执行标准中知识产权问题的基础知识产权政策，涉及专利以及其他法定的与发明有关的知识产权。其中明确了标准必要专利的相关术语定义、专利信息披露以及专利技术许可等方面的规定。主要情况如下：

在专利信息披露方面，《CEN 和 CENELEC 指南 8：标准化和知识产权》规定专利权人从一开始就应对专利和专利申请进行披露，并应本着诚意并尽最大努力提供有关必要专利的信息，但不要求进行专利检索等内容。

在专利技术许可方面，《CEN 和 CENELEC 指南 8：标准化和知识产权》规定专利权人应当填写欧洲标准化委员会—欧洲电工标准委员会声明表并按其要求作出 FRAND 许可声明，提供必要的信息，并纳入欧洲标准化委员会和欧洲电工标准委员会专利信息数据库中等内容。此外，为了促进标准的制定和实施，欧洲标准化委员会和欧洲电工标准委员会向公众提供了通用的标准必要专利信息列表，以帮助公众确定是否必须获得专利许可才能实施该标准。

(2)欧洲电信标准委员会制定发布《议事规则附件 6：知识产权政策》。

欧洲电信标准委员会是欧洲的区域标准组织，是独立的、非营利性的非政府组织，成立于 1988 年，总部设在法国尼斯。欧洲电信标准委员会主要致力于研究制定欧洲通用的电信领域的标准还涉及与其他组织合作的信息及广播技术领域的标准。欧洲电信标准委员会的宗旨在于执行欧共体绿皮书中规定的方针政策，充分利用欧洲现有的电信资源，加速电信领域的技术协调和标准化进程。

在标准必要专利治理实践方面，欧洲电信标准委员会于 2022 年发布《议事规则附件 6：知识产权政策》，旨在降低应用欧洲电信标准委员会标准的风险，在标准化需求与知识产权之间寻求平衡。《议事规则附件 6：知识产权政策》规定了标准必要专利的相关术语定义、标准必要专利信息披露以及许可声明等方面的规定。主要情况如下：

在专利信息披露方面，《议事规则附件6：知识产权政策》规定每个欧洲电信标准委员会成员应尽其合理的努力，在其参与的标准制定过程中及时向欧洲电信标准委员会披露其知识产权，但这并不意味着欧洲电信标准委员会成员负有检索该知识产权的义务。

在专利技术许可方面，《议事规则附件6：知识产权政策》规定在标准必要专利引起ETSI注意后，专利权人应当在3个月内作出不可撤销的FRAND书面许可承诺等内容。

在专利技术转让方面，《议事规则附件6：知识产权政策》特别强调专利权人作出的许可承诺在专利转让后对受让人也有约束力。

3. 国际性专业标准组织的标准必要专利治理实践：结合产业领域特征制定实施标准必要专利政策

（1）电气与电子工程师协会（Institute of Electrical and Electronics Engineers，IEEE）制定实施《IEEE标准委员会章程：专利政策》。

IEEE主要从事电信、自动化、生物医学工程、计算机硬件、计算机软件、电子、电力能源、半导体以及航空航天和国防相关标准的制定工作。在IEEE中，IEEE标准协会（IEEE Standards Association，IEEE SA）成立了专利审查委员会，负责审查提交给IEEE SA的任何涉及标准的专利信息，并对IEEE标准中任何专利和专利信息的使用予以监督。IEEE的专利政策规定于其标准委员会章程的第6节即《IEEE标准委员会章程：专利政策》中，主要对专利有效性、专利许可、互惠许可、许可的合理费率、争议解决等方面作出规定。主要情况如下：

在专利有效性方面，《IEEE标准委员会章程：专利政策》明确提出，IEEE不负责对专利权的有效性或范围进行审查，也不负责确定任何许可条款是否合理或非歧视。

在专利技术许可方面,《IEEE 标准委员会章程:专利政策》规定了以 FRAND 条件有偿实施许可或免费实施许可两种许可声明方式,并规定了合理费率的一些考虑因素。

在标准必要专利互惠许可方面,《IEEE 标准委员会章程:专利政策》规定了双方应当以 FRAND 条件实施互惠许可。

在标准必要专利纠纷争议解决方面,《IEEE 标准委员会章程:专利政策》规定如果任何一方有要求,则专利权人和标准实施方应立即进行善意的许可谈判,或者可以提起诉讼或仲裁。

(2)美国测试与材料协会(American Society for Testing and Materials,ASTM)制定实施《ASTM 技术委员会管理条例:专利政策》与《ASTM 反垄断政策》。

ASTM 成立于 1898 年,总部位于美国费城,是独立的、非盈利性的非政府组织,主要从事有关材料、产品、系统和服务等特性与性能标准的制定工作。2022 年 9 月,ASTM 在《技术委员会管理条例》中明确了《ASTM 技术委员会管理条例:专利政策》,规定了专利的必要性、专利信息披露和专利技术许可声明等方面的内容。主要情况如下:

在专利的必要性方面,《ASTM 技术委员会管理条例:专利政策》明确 ASTM 不负责识别所有标准必要专利的法律效力和必要性。

在专利信息披露和专利技术许可方面,《ASTM 技术委员会管理条例:专利政策》规定提交给美国国家标准学会作为美国国家标准的 ASTM 标准的披露和许可都应符合美国国家标准学会的专利政策(将在下文具体阐述)等内容。

除了上述专利政策外,ASTM 在其官网"政策与程序"环节公布了《ASTM 反垄断政策》,对于成员资格和标准制定等方面的垄断问题作出规定。主要情况如下:

在成员资格方面,《ASTM 反垄断政策》规定任何合格的公司或个人不得拒绝成为 ASTM 或委员会的成员，任何主体不得被无理地排除在 ASTM 的活动之外等内容。

在标准制定方面，《ASTM 反垄断政策》规定 ASTM 或其任何委员会、分会或工作组如果是出于防止销售、制造不符合特定标准的产品或服务，或不合理地抬高产品或服务的销售价格，则不得从事相关标准化行为等内容。

(3)万维网联盟(World Wide Web Consortium, W3C)制定实施《W3C 专利政策》。

W3C 是一个专业标准化组织，成立于 1994 年。W3C 专门创建 Web 相关技术标准，并促进 Web 向更深、更广发展。W3C 于 2020 年 9 月公布了其最新的《W3C 专利政策》，其中规定了在制定 Web 标准的过程中对专利的处理方式，主要内容包括政策制定目标、免费许可义务和专利信息披露规则等主要方面规则。主要情况如下：

在免费许可义务方面，《W3C 专利政策》规定 W3C 的免费许可不得转让，且不得对专利的使用施加进一步的限制，或对被许可人的行为施加其他限制。并规定专利权人可以向被许可人要求授予互惠许可。

在专利信息披露方面，《W3C 专利政策》详细规定了成员的专利信息披露时间、披露内容和披露豁免的情况，并提出了善意披露标准涉及专利的信息，即不要求披露人进行专利检索或对专利之间的关系进行分析，且只有被告知道该标准涉及的第三方专利需要被披露时，才需要披露第三方专利等内容。

(4)第三代合作伙伴计划(3rd Generation Partnership Project, 3GPP)制定发布《工作准则　第 55 款：知识产权政策》。

3GPP 成立于 1998 年 12 月，其 7 个组织伙伴包括欧洲的 ETSI、日本无线行业企业协会和电信技术委员会、中国通信标准化协会、韩国的电信技术协会、北美的世界无线通讯解决方案联盟和印度的电信标准开发协会。3GPP 负责制定全球适用的通信技术规范和技术报告，覆盖了全方面的移动通信技术。3GPP 于 2022 年 9 月 1 日发布《工作准则　第 55 款：知识产权政策》中规定了其知识产权政策，主要内容包括专利信息披露规则和 FRAND 的许可义务两方面，更多与 ETSI《议事规则　附件 6：知识产权政策》的相关规则保持一致。但是，在专利信息披露方面，《工作准则　第 55 款：知识产权政策》规定个人成员应尽早申报相关知识产权，并应向其各自的组织伙伴作出声明等内容。在专利技术许可义务方面，《工作准则　第 55 款：知识产权政策》规定组织伙伴应鼓励其各自的成员以 FRAND 的条款、条件和方式授予许可等内容。

二、标准涉及法律法规

(一)标准本身的著作权问题

标准作为一种文本，本身涉及著作权的问题，著作权是知识产权的一种。但是，除国际标准外，我国其他标准是否有著作权的问题在我国存在争论。一部分学者认为，标准应当受到著作权保护；一部分学者则从标准的制定程序或我国标准的属性等方面认为标准不应纳入著作权的保护范畴；另有一部分学者则持中立态度，认为应当结合具体情况分类讨论。[①] 此外，当我们认为标准应当受到著作权保护时，标准的著作权属于著作权人，但当标准涉及标准必要专利时，标准的制定者与标准内容的著作权人就有可能出现不

---

① 参见李立珍：《团体标准著作权保护机制研究》，中南财经政法大学 2021 年硕士学位论文。

一致的情况。

专有出版权从属于著作权，对于标准本身著作权的问题的判断，影响标准“专有出版权”侵权案件的判决。一些学者认为，国家标准化管理部门要求标准必须由标准化管理部门授权的出版社出版，其“专有出版权”不是著作权法意义上的专有出版权，也不是行政许可，而是行政垄断行为。①

(二)标准引用法律法规

知识产权有关标准涉及法律法规，通常要求标准使用者遵守相应的法律法规，即将法律的原则和具体规范转化为标准。例如，湖北省地方标准《地理标志产品　景阳鸡》(DB42/T 427—2023)规定：“获准使用地理标志产品专用标志的生产者，应按地理标志产品专用标志管理办法的规定在其产品上使用专用标志。”四川省(德阳市)地方标准《知识产权质押贷款管理规范》(DB5106/T 12—2020)要求“依据《专利权质押登记办法》和《注册商标专用权质押登记程序规定》办理质押登记”。广州市会展业行业协会团体标准《专业展会知识产权保护与纠纷处理规范》(T/GZCE 001—2023)对著作权侵权纠纷的投诉人的界定为：“应当是根据《中华人民共和国著作权法》享有著作权或者与著作权有关的权利的中国公民、法人或者其他组织，或者外国人、无国籍人，或者是依法享有专有使用权的使用者，或者是利害关系人。”

一些标准在参考文献中标明所参考的法律法规或在前言或引言中表明标准依照法律制定。例如，柳州市地方标准《柳州螺蛳粉地理标志证明商标保护管理规范》(DB4502/T 0021—2022)“引

① 参见杨华权：《论中国标准的著作权和专有出版权》，载《电子知识产权》2011年第11期。

言”规定:“本文件根据《柳州市人民政府办公室关于印发‘柳州螺蛳粉’地理标志证明商标保护工作实施方案的通知》、《柳州螺粉地理标志证明商标使用管理规则》、《商标侵权判断标准》、《市场监督管理行政处罚程序规定》等文件制定。”

浙江省发布的《公共数据安全体系建设指南》(DB33/T 2487—2022)“引言”表明,该标准依据《数据安全法》《个人信息保护法》《浙江省公共数据条例》制定,同时参考文献引用《浙江省公共数据安全管理总则》等法规,对数字化知识产权进行保护。

四川省(德阳市)地方标准《知识产权质押贷款管理规范》(DB5106/T 12—2020)在参考文献中列入《专利法》等法律法规作为标准的必要参考。

北京风雅颂专利代理有限公司芜湖分公司企业标准《专利审核规范》(Q/340200 FYS 00003—2020)参考文献中有《专利法》《专利法实施细则》。

一些标准中虽然没有指明具体法律文件,但规定了与知识产权有关的法律原则或责任。

例如,推荐性国家标准《电子商务平台知识产权保护管理》(GB/T 39550—2020)对电子商务网络信息平台提出了监管协查方面的要求。

柳州市地方标准《柳州螺蛳粉地理标志证明商标使用管理规范》(DB4502/T 0020—2022)规定:“商标持有人应按相关法律、法规和规章的规定,代申请人向国家知识产权局商标局提交许可备案材料,经公告备案的申请人(被许可人),方可成为使用柳州螺粉地理标志证明商标和地理标志专用标志的合法使用人。”对柳州螺蛳粉地理标志证明商标的合法使用进行了规定。

佛山青芒知识产权运营有限公司企业标准《知识产权服务规范》(Q/QM 001—2022)对公司工作人员的法律素养提出要求:

“公司工作人员应遵纪守法，遵守职业道德和职业操守，客观公正，诚实守信。”“公司工作人员应熟悉国家和地方相关法律、法规和政策。”

安徽省凤形新材料科技有限公司企业标准《知识产权管理规定》（Q/FXK. G02. 09—2020）在“7. 3 著作权”中针对知识产权侵权行为提出了处理办法。

三、标准制定中的法律问题

标准需要按照法律制定。知识产权法律法规中，一部分有关“标准”的内容要求制定相应的知识产权保护与管理规范。例如，《浙江省知识产权保护和促进条例》规定：“行业协会、商会等行业组织应当加强自律自治，建立健全本行业知识产权保护和维权规范，为会员提供知识产权业务培训、信息咨询、维权援助等服务，开展知识产权纠纷调解工作，对有知识产权违法行为的会员进行规劝惩戒。”浙江省绿色农产品协会据此制定《浙江省农产品地理标志使用管理规范》（T/ZLX 043—2023）。

《标准化法》对标准提出了及时复审的要求，如果标准没有及时复审，就有可能产生一些问题，如《科学技术研究项目知识产权管理》（GB/T 32089—2015）制定于 2015 年，至今没有复审修改，其部分内容格式要求不符合规范。

标准制定需要符合法律要求，不仅是标准以法律为依据制定，还要求标准制定符合一定的法律程序。《国家标准涉及专利的管理规定（暂行）》对国家标准制定时，专利信息的披露、专利实施许可等方面进行了责任和义务的要求，并要求按照一定程序执行。尽管我国有关法律法规对标准涉及专利信息的披露进行了一些规定，但没有规定具体的处罚措施，导致即使不按照要求披露也不会有太大的后果,造成司法审判以及执法监督上的问题。

例如,朱某某与L公司侵害发明专利权纠纷案[(2020)最高法知民终1564号)]。2013年4月2日,胡某某、朱某某二人向国家知识产权局申请了一种名称为“肝素钠封管注射液的质量检测方法”的发明专利,并于2014年8月获得发明专利授权。该专利方法可用于检验肝素钠注射液是否合格。2013年5月,L公司申报的“肝素钠封管注射液”药品标准被国家食品药品监督管理局采纳为国家标准WS1－XG－011－2013,属于国家强制性标准。法院审理确认,胡某某、朱某某将与L公司合作期间发明的检测技术申请了发明专利,但未告知L公司,亦未向涉案药品标准制定的国家药监部门进行披露。专利权人存在故意隐瞒其专利技术使其进入国家强制性标准的嫌疑。但是目前《国家标准涉及专利的管理规定(暂行)》对于国家标准涉及专利未披露专利信息的法律后果没有具体的规制,也没有相应的补救措施。法院也就无法对此行为作出惩罚。

四、标准使用中的法律问题

与其他领域不同,知识产权领域的标准与法律问题,不仅指与“知识产权”本身有关的标准,还包括各类标准本身的知识产权,以及各类标准中涉及的标准必要专利。标准是在一定范围内公开的文件,而专利则属专利权人私有,专利进入标准,经历了由私有到公开的过程。虽然强制性国家标准一般不涉及专利,但一旦涉及专利,就必须执行,就有可能侵犯专利权人的利益。《标准化工作导则　第1部分:标准化文件的结构和起草规则》(GB/T 1.1—2020)对标准中可能涉及专利但未识别出的,在前言中要求标示“请注意本文件的某些内容可能涉及专利。本文件的发布机构不承担识别专利的责任”。但这只是一条免责声明,实际上要求标准使用者对标准中涉及的标准专利进行核查和确认。

上文提及的朱某某等与L公司侵害发明专利权纠纷一案,法院审理认为L公司生产的药品并非专用于治疗某种疾病或治疗中必不可少的药物,且有其他方法可以替代,故停止使用涉案国家药品标准并不会损害公共利益,L公司侵犯了朱某某等的专利权。

知识产权管理体系的建设对我国知识产权事业发展具有重大意义。《企业知识产权管理规范》(GB/T29490—2013)(已废止)是我国第一部知识产权管理体系规范,对我国企业的知识产权管理体系建设具有标志性的意义。为完善知识产权管理,一些地方和企业也制定了有关标准,并提出一些法律责任与义务,以及违反后的惩罚。例如,武汉猫人云商科技有限公司企业标准《商标管理》(Q/MRYS 001—2021)要求公司内部按照有关法律法规规定对商标进行管理备案,对侵权行为及时上报有关政府部门,必要时提起诉讼。

默认许可制度是指专利产品第一次合法售出时,如果专利权人或者其被许可人没有明确提出限制性条件,则意味着购买者获得了任意使用或转售该专利产品的默认许可,专利权人不得对合法售出的专利产品再行使权利。[①] 在涉及专利的标准中则体现为,如果专利权人参与了某种技术标准的制定,且在整个标准制定过程中其并没有明示该标准落入其专利权的保护范围,则在该标准被采纳并强制实施的过程中,应当视为权利人对标准制定者、标准使用人的一种默认许可。[②]

目前我国法律尚无标准必要专利默认许可的明确规定,最高

① 参见尹新天:《专利权的保护》(第2版),知识产权出版社2005年版,第73页。

② 参见韦晓云:《专利的默认许可》,载《人民司法》2007年第17期。

人民法院〔2008〕民三他字第4号复函被一些学者和法院认作第一次明文确认专利默认许可的存在及其合法性的文件。不过最高人民法院多次强调，该函仅是针对个案的答复，未经专利权人许可的实施标准的行为是否构成专利侵权，要考虑行业特点、标准制定制度的现状以及案件的具体情况进行审查，不能一刀切。张某某诉O公司等侵害发明专利权纠纷案［（2012）民提字第125号］和P公司、Q公司测试合同纠纷［（2019）最高法知民终382号］是我国司法机关有关标准专利默认许可问题的两个标志性案件，最高人民法院审理认为，无论是否在标准文件中披露专利信息，都不足以构成标准必要专利的默认许可，这两起案件可以视作“我国司法机关有关标准专利默示许可问题的终裁判标准”①的形成。

第四节　工程建设

工程建设是指土木建筑工程、设备安装、线路管道、建筑装饰装修工程等工程项目的新建、扩建、改建等活动，是形成固定资产的基本生产过程及与之相关联的其他建设工作的总称。工程建设以形成固定资产为特定目标，具有生产周期长、连续性、协作性、固定性、流动性等特点，生产活动受自然和社会条件的制约。② 工程建设在国民经济中占有重要地位，为国民经济的发展和人民生活

① 杨德桥：《默示许可抑或不可执行：标准专利违反披露义务的规制路径》，载《科技与法律（中英文）》2022年第6期。

② 参见崔晓青、贾粟主编：《建设工程相关法律法规》，中国环境科学出版社2007年版，第3页。

的改善提供重要的物质技术基础，同时对相关产业发展有着促进性作用。

为规范工程建设程序，保证建设工程严格推进，我国制定多部法律法规，如《建筑法》、《建设工程抗震管理条例》（国务院令第744号）、《建设工程质量检测管理办法》（住房和城乡建设部令第57号）、《四川省建筑管理条例》、《河南省住房和城乡建设厅关于印发〈河南省房屋建筑和市政基础设施工程危险性较大的分部分项工程安全管理实施细则〉的通知》（豫建行规〔2021〕7号）等。

在以法律为准绳的同时，我国还建立了国家工程建设标准体系。划分房屋建筑、城乡规划基础设施工程、城镇建设、工程勘察与测量、能源工程、工业工程、信息技术应用等8类。[①]

根据属性、内容、应用对象等，我国工程建设相关标准还可以分为国家标准，如《精细化工企业工程设计防火标准》（GB 51283—2020）；行业标准，如《化工管道过滤器系列》（HG/T 21637—2021）；地方标准，如山东省《建设工程优质结构评价标准　第一部分：房屋建筑工程》（DB37/T 5000.1—2023）；团体标准，如浙江省产品与工程标准化协会《市域快速轨道交通工程施工质量验收标准》（T/ZS 0243—2021）；企业标准，如安徽箬岭建筑工程有限公司《岩土工程检测规范》（Q/341802 ARL020—2021）。此外，还有工程建设国际标准，如由中国国家铁路集团有限公司科技和信息化部、中国铁路经济规划研究院有限公司等单位专家主持制定的国际铁路联盟标准《高速铁路设计　基础设施》（IRS 60680：2022）。这个标准是高速铁路基础设施设计领域的首部国际铁路标准。

---

① 载工程建设标准化信息网（www.ccsn.org.cn）。

一、法律法规引用标准

（一）法律法规引用标准的模式

与其他领域一样，法律法规引用标准的模式在工程建设领域也有直接和间接两种，其中以间接引用标准的模式更为广泛。例如，《建筑法》第三十二条第 1 款规定："建筑工程监理应当依照法律、行政法规及有关的技术标准、设计文件和建筑工程承包合同，对承包单位在施工质量、建设工期和建设资金使用等方面，代表建设单位实施监督。"其中"有关的技术标准"指《钢管混凝土混合结构技术标准》（GB/T51446—2021）等标准。

《建设工程抗震管理条例》第二十二条第 1 款规定："抗震加固应当依照《建设工程质量管理条例》等规定执行，并符合抗震设防强制性标准。"其中"抗震设防强制性标准"包括《建筑与市政工程抗震通用规范》（GB 55002—2021）等强制性标准。

四川省地方性法规《四川省建筑管理条例》第三十六条规定，"建设工程勘察、设计单位应当按照国家和省有关工程勘察、设计技术标准、规范和规程进行设计，并对勘察、设计技术成果负责"。其中的"标准、规范和规程"指《工程勘察通用规范》（GB 55017—2021）、四川省地方标准《川西高原公路隧道设计与施工技术规程》（DB51/T 2791—2021）等国家、行业或地方标准。

山东省规范性文件《山东省人民政府关于印发山东省碳达峰实施方案的通知》（鲁政字〔2022〕242 号）规定，"城镇新建建筑全面执行绿色建筑标准，完善绿色建筑标准体系，健全星级绿色建筑标识制度"。其中的"绿色建筑标准"指山东省地方标准《超低能耗公共建筑技术标准》（DB37/T 5237—2022）等标准。

工程建设领域法律法规也常直接指明需要参照遵守的具体标

准。直接引用国家标准的如住房和城乡建设部印发的行政规范性文件《住房和城乡建设部办公厅关于印发〈危险性较大的分部分项工程专项施工方案编制指南〉的通知》(建办质〔2021〕48 号)规定,“自制起重设备设施,应具备完整的计算书,各项荷载的分项系数应符合《起重机设计规范》GB3811 的规定”。福建省住房和城乡建设厅印发的行政规范性文件《福建省绿色建筑标识管理实施细则》规定,“新建民用建筑认定三星级标识采用《绿色建筑评价标准》GB/T 50378,新建民用建筑认定二星级、一星级标识采用《绿色建筑评价标准》GB/T 50378、《福建省绿色建筑评价标准》DBJ/T 13—118 等标准,工业建筑采用《绿色工业建筑评价标准》GB/T 50878,既有建筑改造采用《既有建筑绿色改造评价标准》GB/T 51141。”

直接引用行业标准的如广东省住房和城乡建设厅行政规范性文件《广东省住房和城乡建设厅关于自建房房屋安全鉴定管理若干规定(试行)》规定,“对有明显危险构件或整体危险迹象的房屋,可以依据《危险房屋鉴定标准》(JGJ 125)进行危险性鉴定,其中,一层、二层的农村自建房也可以依据《农村住房危险性鉴定标准》(JGJ/T 363)进行危险性鉴定”。

直接引用地方标准的如浙江省人民政府办公厅印发的行政规范性文件《浙江省农村生活污水治理“强基增效双提标”行动方案(2021—2025 年)》规定:“落实建设单位首要责任,抓好项目建设管理,严格按照《浙江省农村生活污水处理设施建设和改造技术规程》和相关规范标准,加强项目设计、招投标、施工、监理、竣工验收等全过程监管。”上海市住房和城乡建设管理委员会印发的行政规范性文件《上海市装配整体式混凝土建筑防水技术质量管理导则》规定,“相容性、耐久性、污染性性能检测按照现行《装配式建筑密封胶应用技术规程》(T/CECS 655)有关规定执行”。

（二）法律实施配套标准

工程建设相关法律覆盖建设活动的各个方面，使工程建设有法可依，而相对应的标准则为相关法律的实施提供了具体方法。

例如，《无障碍环境建设法》第五十一条第一款规定，“国家推广通用设计理念，建立健全国家标准、行业标准、地方标准，鼓励发展具有引领性的团体标准、企业标准，加强标准之间的衔接配合，构建无障碍环境建设标准体系”，要求制定或修订无障碍环境建设相关标准，构建无障碍环境建设标准体系，进而帮助落实《无障碍环境建设法》，最终实现“无障碍”社会。

《住房和城乡建设部办公厅关于全面加快建设城市运行管理服务平台的通知》（建办督〔2021〕54 号）对全面加快建设城市运行管理服务平台提出要求，并同步发布行业标准《城市运行管理服务平台技术标准》（CJJ/T312—2021），作为该规范性文件指导城市运行管理服务平台各系统建设和运行维护的配套标准。

《江苏省城乡建设领域碳达峰实施方案》对本省建筑节能减碳工作进行规划，要求“制定发布《建筑节能与碳排放量计算核定标准》等工程建设地方标准，明确碳排放核算方法”，落实住房和城乡建设部建筑碳排放计算要求，逐步完善碳达峰标准体系。

（三）法规滞后会影响标准发展

工程建设法律法规繁多，体系庞杂，其中一些法律法规之间难免有不能完全照应之处而出现矛盾，进而影响标准的制定与使用。例如，《建筑法》中对“建筑活动”的范围界定为“各类房屋建筑及其附属设施的建造和与其配套的线路、管道、设备的安装活动”；而依据《建筑法》制定并颁布的《建设工程质量管理条例》则将建设工程界定为“土木工程、建筑工程、线路管道和设备安装工程及装修工程”。相较而言，《建设工程质量管理条例》的适用范围比《建筑法》大，这就出现了上位法与下位法在适用范围上不一致、法规超越法律范围的情况，从而使得相关工程建设标准在制定和使用中出现一定混乱，不利于工程建设标准的良好发展。

二、标准吸收法律法规

标准吸收法律法规在工程建设标准中，同样体现为“表明标准以法律为依据制定”以及“将法律的具体规范转换为标准的内容”。

“表明标准以法律为依据制定”，即在标准的“前言”等部分中说明该标准以某某法律法规为依据制定。我国住房和城乡建设部以及各省市住房和城乡建设厅、住房和城乡建设委员会等有关主管部门通常会定期发布未来一段时间的标准制定计划，从而更好地对工程建设标准的编修进行管理，这些标准制定所依据的“计划”通常会在标准的“前言”中体现。例如，住房和城乡建设部发布的国家标准《钢管混凝土混合结构技术标准》（GB/T51446—2021）“前言”载明：“根据《住房和城乡建设部标准定额司关于开展施工现场建筑垃圾减量化技术标准2等项标准编制工作的函》（建司局函标〔2020〕119号）的要求，标准编制组经广泛调查研究，认真总结实践经验，参考有关国际标准和国外先进标准，并在广泛征求意见的基础上，编制了本标准。”

河南省建设科技协会发布的团体标准《民用建筑室内声环境现场检测技术标准》（T/YCST 002—2023）“前言”载明：“根据河南省建设科技协会关于印发《关于决定下达2021年度第一批团体标准制定计划的通知》（豫建科协〔2021〕12号）的要求，制定本标准。”

福建省地方标准《福建省湿喷法喷射混凝土应用技术标准》（DBJ/T 13—249—2023）“前言”载明：“根据福建省住房和城乡建

设厅《关于进一步做好全省工程建设地方标准项目复审修编工作的通知》(闽建科〔2021〕10 号)要求,标准编制组经广泛调查研究,认真总结实践经验,参考有关国内外先进标准,并在广泛征求意见的基础上,修订本标准。”

“将法律的具体规范转换为标准的内容”,即在标准正文中引用法律法规。例如,国家广播电视总局发布的行业标准《广播电视卫星集成播出平台工程建设技术标准》(GY/T5098—2022)对网络安全系统的设计要求为:“网络安全系统的规划和建设应符合《中华人民共和国网络安全法》《中华人民共和国数据安全法》《中华人民共和国个人信息保护法》《中华人民共和国密码法》《中华人民共和国网络安全审查办法》等法律法规的规定。认定为关键信息基础设施的设备应符合《关键信息基础设施安全保护条例》及其他有关规定。”

山西省土木建筑学会发布的团体标准《政府投资公共建筑项目评估标准》(T/SXCAS 001—2019)要求“生态景观指标应符合《中华人民共和国自然保护区条例》和《风景名胜区条例》的有关规定”。

不过,与其他标准通常按照 GB/T 1.1 提出的体例格式编写不同,工程建设标准往往依照《工程建设标准编写规定》(建标〔2008〕182 号)等文件的要求编写,不需要像 GB/T 1.1 那样设置“参考文献”并罗列正文参考引用的法律法规,只需要在正文后列出“引用标准名录”即可。

三、标准制定和使用中的法律问题

(一)标准应依据法律制定

我国对工程建设标准的编写、修订有相应的法律规定,如《建设部工程建设国家标准管理办法》(建设部令第 24 号)、《建设部工程建设行业标准管理办法》(建设部令第 25 号)、《工程建设标准局部修订管理办法》、《工程建设标准编写规定》等，对标准的计划、制定、复审与修订、日常管理等各方面都作了规定。《建设部工程建设国家标准管理办法》对国家标准的计划提出了要求："国家标准的计划分为五年计划和年度计划。五年计划是编制年度计划的依据；年度计划是确定工作任务和组织编制标准的依据。"同时，根据该规定，住房和城乡建设部印发《2023 年工程建设规范标准编制及相关工作计划》等标准编制计划文件，然后相应单位根据计划文件编制标准，即依据法律法规制定标准。

有时主管部门也会制定针对某一专题的标准编制计划，如浙江省住房和城乡建设厅印发的《2020 年浙江省建筑节能与绿色建筑及相关工程建设标准制修订计划（第一批）》是针对建筑节能与绿色建筑及相关工程建设标准提出的计划，该计划中的浙江省工程建设标准《新建住宅小区生活垃圾分类设施设置标准》（DB33/T 1222—2020）、《人防门安装技术规程》（DB33/T1231—2020）、《建设工程配建 5G 移动通信基础设施技术标准》（DB33/1239—2021）等工程建设地方标准已经发布。

除国务院及其下辖部门所制定的行政法规、部门规章和其他规范性文件外，各省市也制定了工程建设相关地方性法规和其他规范性文件，如福建省住房和城乡建设厅发布的《福建省工程建设地方标准工作管理办法》、江苏省建设厅发布的《江苏省工程建设地方标准管理办法》。其中《江苏省工程建设地方标准管理办法》第十一条第 1 款规定："编制（修订）工程建设地方标准应当以实践经验和科技发展成果为依据，广泛征求各方面意见，做到协商一致。"2020 年年初，新冠疫情暴发，住宅设计暴露出一些短板和不足，江苏省针对这一情况，根据实践经验修订江苏省地方标准《住宅设计标准》（DB32/3920—2020），增加了"每套住宅应设置有组织的新风系统"等规定。

(二)标准使用

1. 合同约定不符合标准

在工程建设有关案例中,经常遇到合同约定与强制性标准不相符而产生纠纷的情况。强制性标准可分为效力性强制性规定和管理性强制性规定。依照相关法律,建设工程施工合同中约定的建设工程质量标准属于效力性强制性规定,其低于国家规定的工程质量强制性安全标准的,该约定无效;合同约定的质量标准高于国家规定的强制性标准的,应当认定该约定有效。

合同约定的标准属于管理性强制性规定时,则可能并不影响合同效力。例如,刘某某、P公司建设工程施工合同纠纷案[(2021)赣民终70号]中,有关涉案工程15号楼的人工费及15号、16号楼的规费、税金问题,尽管《2013年建设工程工程量清单计价规范》(GB50500—2013)对这一部分费用的有所规定,但"《2013年建设工程工程量清单计价规范》是由中华人民共和国住房和城乡建设部制定的行政规章,无论从该规范整体的性质还是具体到强制性条文,均属于管理性强制性规定,并非法律法规的效力性强制性规定,不能替代当事人双方的合意",因而不能以此认定合同无效,法院不支持原告这一项主张。

2. 工程建设须遵守标准

工程建设必须遵守强制性标准,如出现不按照强制性标准进行设计、施工等情况,则会受到处罚。例如,南京市城乡建设委员会作出的宁建罚决字[2020]第25号处罚决定,涉案的R公司未按照工程建设强制性标准进行设计,违反了《建设工程质量管理条例》第十九条的规定,罚款10万元。

有时建设工程出现不满足标准的情况,但法院根据实际经验等判断影响不大,从而从轻或作出不支持原告的决定。例如,李某与S公司等排除妨害纠纷案[(2022)京03民终344号]中,根据测量结果,仅在A2—1206厨房水龙头开最大时,等效声级为38分贝,超出《住宅建筑室内振动限值及其测量方法标准》低限标准1分贝;A2—1207卧室夜间室内噪声并未超过《住宅建筑室内振动限值及其测量方法标准》的低限标准。而对于涉及纠纷的两间房屋夜间室内噪声超过《住宅建筑室内振动限值及其测量方法标准》的情况,《住宅建筑室内振动限值及其测量方法标准》不是强制性标准,不能以此判定鉴定结论中超出该标准中结构噪声限值的情形对原告构成了妨害。原告提出的通过限期整改厨房、卫生间、浴室及水管等设备,恢复公共墙原状等方式排除妨碍,并赔偿损失及赔礼道歉的诉讼请求与鉴定结论所体现的超标1分贝的妨害程度不匹配,因此,一审、二审均不支持原告请求。

3. 纠纷解决依靠标准

有时标准为解决纠纷中的技术问题提供重要依据。例如,袁某某、T公司商品房预售合同纠纷案[(2023)鲁11民终1369号]中,对于原告提出的被告建设房屋不满足层高的问题,由于双方合同中并未明确约定层高,且原告未能提供有效证据证实被告在销售涉案房屋时承诺了层高问题。《民法典》第五百一十一条规定,当事人就有关合同内容约定不明确,依据前条规定仍不能确定的,适用下列规定:质量要求不明确的,按照强制性国家标准履行;没有强制性国家标准的,按照推荐性国家标准履行;没有推荐性国家标准的,按照行业标准履行;没有国家标准、行业标准的,按照通常标准或者符合合同目的的特定标准履行。被告销售的房屋层高与设计图纸设计的房屋层高一致,符合相关标准,因此法院不支持原告请求。